DIEDERICH LÜKEN
SELIG SIND DIE LACHENDEN

DIEDERICH LÜKEN

SELIG SIND DIE LACHENDEN

CHRISTLICHER HUMOR MIT ERFRISCHENDER BOTSCHAFT

neukirchener
aussaat

Dieses Buch wurde auf FSC®-zertifiziertem Papier gedruckt.
FSC® (Forest Stewardship Council®) ist eine nichtstaatliche,
gemeinnützige Organisation, die sich für eine ökologische und
sozialverantwortliche Nutzung der Wälder unserer Erde einsetzt.

Bibliografische Information der Deutschen Nationalbibliothek

Die Deutsche Nationalbibliothek verzeichnet diese Publikation in der
Deutschen Nationalbibliografie; detaillierte bibliografische Daten sind im
Internet über http://dnb.d-nb.de abrufbar.

Die Bibeltexte wurden folgender Übersetzung entnommen: Lutherbibel,
revidierter Text 1984, durchgesehene Ausgabe, © 1999 Deutsche Bibelgesellschaft, Stuttgart.

Umschlaggestaltung: Andreas Sonnhüter, www.sonnhueter.com,
unter Verwendung einer Illustration von © Vladimir Mir
Lektorat: Wolfgang Schrödter, Hamburg
DTP: Breklumer Print-Service, www.breklumer-print-service.com
Verwendete Schrift: Adobe Garamond Pro, Futura
Gesamtherstellung: FINIDR, s.r.o.
Printed in Czech Republic
ISBN 978-3-7615-6282-6 (Print)
ISBN 978-3-7615-6283-3 (E-Book)

www.neukirchener-verlage.de

INHALT

VORWORT

Dieses Buch hat den Vorteil, dass Sie es überall offen liegen lassen können. Es finden sich keine schlüpfrigen Witze darin, keine, die den Glauben verhöhnen und keine gotteslästerlichen. Sie werden aber Witze über die Schwächen finden, die auch oder gerade Christen an sich tragen, werden vielleicht darüber schmunzeln, sich selbst darin wiederfinden und ein wenig in sich gehen. Das wäre ein schöner Nebeneffekt. Die Hauptsache aber ist, dass Sie über die Witze und Schwänke lachen können, die ich Ihnen in diesem Buch erzähle.

Sie können das Buch auch lesen, wenn Sie das Vorwort einfach übergehen. Die Witze werden dadurch nichts verlieren. Vielleicht aber haben Sie am Ende Ihrer Lektüre doch das Bedürfnis, ein paar grundlegende Gedanken zum Verhältnis zwischen Glauben und Witz mitzudenken. Dann nutzen Sie dieses Vorwort einfach als Nachwort. Sie können auch die Anmerkungen zu den einzelnen Witzen überschlagen. Damit es Ihnen leichter fällt, die eigentlichen Witze zu finden, sind sie eingerückt abgedruckt. In dieser Fassung können Sie sie auch weitererzählen.

Nun ist für viele Christen der Witz von durchaus zweifelhaftem Charakter. Religion und Witz, Glaube und Gelächter stehen scheinbar in Konkurrenz zueinander. Diese Art Witz ist dabei nicht mit dem billigen Kalauer oder dem wohlfeilen Spott über Minderheiten zu verwechseln. Dieser

Witz ist der zwerchfellerschütternde Blitz der Erkenntnis, der Anspruch und Wirklichkeit aufeinanderprallen sieht und dabei ein Gelächter freisetzt, das dem Ernst den Stachel nimmt. Und das ist das Problem. Beide, der so verstandene und erzählte Witz und der Glaube, haben es nämlich mit dem Ernst des Lebens zu tun. Der Glaube hilft, die Fragen zu formulieren, die uns unbedingt angehen; und er gibt Antworten, wo es um Leben und Tod geht, und zeigt, wie wir leben sollen und was wir tun dürfen. Eine Situation an sich mag den Menschen ratlos machen. Der Glaube deutet das Geschehen dann so, dass es sinnhaft wird; und es bestätigt sich das Wort Friedrich Nietzsches: „Wer ein WARUM zum Leben hat, erträgt fast jedes WIE." Was der Glaube tut, macht nun mit anderen Mitteln auch ein guter Witz. Er benennt einen Sachverhalt, der als solcher erschreckt, schockiert oder gar einer Katastrophe gleichkommt, und setzt ihn in einen anderen Rahmen, sodass das Unerträgliche erträglich wird und das Schockierende verstehbar. Der Witz macht die Wirklichkeit lächerlich und nimmt ihr damit den Stachel, den Ernst, den ihr der Glaube verleihen will. Oder anders ausgedrückt: Der Glaube führt über die Wirklichkeit hinaus zu Gott, der Witz führt an der Wirklichkeit vorbei ins Absurde. Der religiöse Witz nun bringt genau diese beiden, einander ausschließende Erscheinungen zusammen: Gott und das Absurde. Manchmal entdeckt der Witz das Absurde in Formen des Glaubens selbst, manchmal stellt er das Absurde als das einzig Glaubwürdige dar. Damit aber sind wir bei hoher Theologie. Denn: „Credo, quia absurdum est", ich glaube, weil es widersinnig ist, soll der Kirchenvater Tertullian (ca. 150–ca. 220) gesagt haben. Er meinte damit, dass so etwas Widersinniges wie die Auferstehung Jesu Christi von den Toten nicht erfunden werden kann. Dadurch, dass es so widersinnig ist, bezeugt es seine Glaubwürdigkeit. Tertullian hatte übrigens eine sehr strenge Auffassung von der Hölle; das war der Grund, dass er nicht heiliggesprochen wurde. Aber er hatte auch einen ausgeprägten Sinn für Galgenhumor. Als es hieß: „Die Christen sollten dem Löwen vorgeworfen werden!", antwortete er: „Ach, so viele Christen einem einzigen Löwen?" Vielleicht war er es auch, der in der Arena vor ein paar aufgerissenen Löwenmäulern ausrief: „Werft mir Messer und Gabel runter, Christen pflegen anständig zu speisen!"

Das Lachen macht das Leben erträglich, wo es sonst nicht zu ertragen wäre, der Witz versetzt den Erzähler und den Hörer in eine Art glucksende Glückseligkeit. Da ist es kein Wunder, dass der Witz bei manchen Gläubigen keine Gnade findet und dass das Gelächter der Ketzerei verdächtigt wird. Dem hat Umberto Eco seinen berühmten Roman „Der Name der Rose" gewidmet. Doch andererseits ist das Gelächter oft „der Hoffnung letzte Waffe", so ein Buchtitel des amerikanischen Theologen Harvey Cox. Denn: „Im Kern eines guten Witzes steckt immer eine Katastrophe, und wir erzählen uns Witze, damit man die Katastrophen, aus denen das Leben besteht, überhaupt ertragen kann." So sagte es George Tabori, jüdischer Regisseur und Überlebender des Holocaust. Dort, wo es um die Katastrophen des Lebens geht, treffen sich mithin der Glaube und der Witz und gehen eine augenzwinkernde Allianz ein. So gesehen konkurrieren beide nicht miteinander, sondern erhellen sich gegenseitig. Mit anderen Worten: Jeder gute religiöse Witz enthält eine Theologie, einen religiösen Rahmen. Den aufzuspüren und darzustellen war eine der Aufgaben, die ich mir mit diesem Buch gestellt habe.

Die Frage, die ich manchmal beantworten muss, ist die nach Witzen in der Bibel. Es fällt schwer, dort ausgesprochene Witze zu finden. Doch bin ich davon überzeugt, dass manches Gleichnis Jesu die Hörer zu einem verständnisinnigen Lächeln geführt hat. Da gibt es zum Beispiel die Geschichte vom Gastmahl. Ein Gast hat sich zu weit oben hingesetzt und damit eine Ehre beansprucht, die ihm nicht gebührt. Wie peinlich! Ein anderer hat sich ganz bescheiden weiter unten angesiedelt. „Freund, rücke herauf!" (Lukas 14,10), sagt der Gastgeber. Da hat sicher manch ein Hörer geschmunzelt. In der Hebräischen Bibel, unserem Alten Testament, findet sich sogar eine richtige Schwankerzählung. Es ist die von Bileam (4.Mose 22–24). Ein Esel ist klüger als sein Besitzer und muss ihm erklären, dass ein Engel ihm den Weg vertritt. Dann soll Bileam Israel verfluchen, aber aus seinem Mund kommen lauter Segensworte. Ich kann mir das behagliche Gelächter derer gut vorstellen, die diese Geschichte zum ersten Mal hörten. Wenig bekannt ist auch, dass es in der Bibel eine Satire gibt. Es ist das Lied Jotams (Richter 9,7–15). Israel will nun endlich einen König haben. Jotam erzählt nun, wie die Bäume einen König wählen. Ölbaum, Feigenbaum und Weinstock weigern sich, König zu werden; ihre Gaben an die Menschheit sind ihnen zu kostbar, um sie der Ausübung von Herrschaft zu opfern. Nur der Dornstrauch ist bereit, König zu werden, und droht auch sogleich mit einem vernichtenden Feuer, falls die Bäume sich anders entscheiden.

Hinzu kommt: Vielfach sind uns die biblischen Geschichten so vertraut, dass wir ihren Witz nicht mehr empfinden. Das ist mit den hier gesammelten Witzen ja nicht anders. Wer einen Witz schon kennt, kann über ihn meistens nicht mehr lachen. Außerdem hindert uns die Auffassung, dass es sich in der Bibel um heilige Texte handelt, an der Erkenntnis, dass manche Pointe, mancher Skopus, wie die Theologen sagen, witzig ist. Vielleicht geht es Ihnen wie dem Patienten mit dem Geschenk des Pfarrers – womit wir beim ersten Witz angelangt sind.

Ein Pfarrer besucht einen kranken Mann, der zu seiner Gemeinde gehört. Um ihm die Zeit der Krankheit ein wenig zu verkürzen, hat er ihm ein Buch mitgebracht: „Till Eulenspiegel". Nach vierzehn Tagen besucht der Pfarrer den Patienten ein zweites Mal und fragt ihn: „Wie hat Ihnen denn das Buch gefallen?" Der Kranke antwortet: „Oh, ganz ausgezeichnet! Wenn ich nicht gewusst hätte, dass es Gottes heiliges Wort ist, hätte ich an mancher Stelle beinahe lachen müssen."

Ich wünsche Ihnen, dass Sie reichlich Gelegenheit zum Lachen finden und sozusagen lachend reicher werden an Erkenntnis und kraftvoller im Glauben. Und denken Sie daran, was die mit Humor reich begabte Heilige Teresa von Avila (1512–1582) sagte: „Ein alter Griesgram ist das Krönungswerk des Teufels."

Die Witze, die ich hier erzähle, habe ich in einer fast fünfzigjährigen Praxis des Hörens und Erzählens gesammelt. Sie werden die meisten auch in anderen Witzsammlungen wiederfinden. Ich erzähle sie aber mit meinen eigenen Worten und in einer Form, die nach meiner Erfahrung die wirkungsvollste ist.

Bei manchen Witzen war ich unschlüssig, unter welcher Überschrift ich sie unterbringen sollte. Sie decken mehrere Themen ab. Vielleicht schreiben Sie sich ja die Witze auf Karteikarten ab. Dann können Sie sie so hin und her schieben, wie es Ihnen passt.

GOTTES BODENPERSONAL

„Mit dem lieben Gott komme ich schon zurecht", sagte mir der Mann nach dem Gottesdienst, „nur mit dem Bodenpersonal habe ich meine Probleme." Gottes Bodenpersonal, das sind die Pfarrer, Pastoren, Prediger, Rabbiner und wie sie alle heißen. Sie sollen Vorbilder im Glauben und im Handeln sein, und sind doch nur: Menschen wie du und ich. Dass daraus der Witz zündende Funken schlägt, versteht sich von selbst.

Dabei sind die Grenzen zwischen billigem Klamauk und dem erhellenden, tröstenden Humor durchaus fließend; was dem einen eine treffende Pointe ist, nähert sich bei dem anderen schon der Gotteslästerung oder scheint ihm politisch unkorrekt. Andererseits gibt es ausgerechnet hier Geschichten, die hohlen Dogmatismus ebenso verspotten wie religiöse Amtsanmaßung oder Heuchelei. Es ist kein Zufall, dass gerade der Beruf des Geistlichen zur Zielscheibe manchen gutmütigen oder auch scharfen Spottes wird.

Zwei Pfarrer unterhalten sich über das Tischgebet in der Öffentlichkeit, zum Beispiel in einem Restaurant. „Ich zähle beim Tischgebet immer bis dreißig", erklärt der eine, und der andere antwortet: „Ich auch; aber ich kenne jemanden, der immer bis fünfzig zählt." – „Nein!", entgegnet der erste, „also das nenne ich dann doch Heuchelei."

Es ist entlastend, dass auch der Pfarrer manchmal nur noch zählen kann, weil ihm kein gescheites Gebet einfallen will; damit steht er auf gleicher Stufe mit vielen anderen Gläubigen, die genau darunter leiden und sich fragen, ob sie wohl etwas falsch machen. Vor allem aber: „The show must go on!", und das hochgeistliche Treiben wird ob seiner Hohlheit entlarvt. Der Pfarrer sollte vielleicht besser sein als wir armen Sünder, ist es aber nicht! Welch ein Trost, vor allem deshalb, weil die Gnade Gottes beiden gilt, dem Amtsträger und dem schlichten Gemeindeglied.

Nicht nur christliche Würdenträger haben manchmal Probleme damit, sich so darzustellen, dass der Glaube nicht beschädigt wird. Leben und Glauben miteinander zur Deckung zu bringen, ist eine interreligiöse Forderung, der auch Geistliche anderer Religionen nicht immer gewachsen sind. Wenn beim Erzählen des folgenden Witzes besonders engagierte Moslems zugegen sind, empfiehlt es sich, den Imam durch einen Methodistenprediger zu ersetzen:

In einem kleinen Dorf haben sich der Pfarrer, der Rabbi und der Imam als einzige Intellektuelle im Ort miteinander befreundet. Um sich in ihrem etwas langweiligen Alltag ein wenig Spannung zu verschaffen, pokern sie ab und zu im Hinterzimmer einer Gaststätte miteinander. Natürlich ist dieses Glücksspiel auf dem Dorf streng verboten, und die drei Spieler haben mit dem Wirt strengstes Stillschweigen vereinbart. Trotzdem hat sich ein entsprechendes Gerücht verbreitet und ist auch an die Ohren der dörflichen Polizei gelangt. Eines Abends, die drei sitzen wieder beim Pokern zusammen, hören sie durch die geschlossene Tür, dass der Wirt dreimal mit dem Fuß aufstampft und dabei laut auf die Amerikaner schimpft. Das ist das vereinbarte Signal: Razzia im Anzug! Die Karten und das Geld verschwinden blitzschnell in den weiten Gewändern der geistlichen Herren, und als der Polizist die Tür öffnet, sieht er nur drei fromme alte Männer, zwei beim Wein und einer bei Zitronenlimonade, im ernsten religiösen Gespräch vertieft. Doch der Polizist traut dem Frieden nicht so recht; und so wendet er sich an den Pfarrer: „Können Sie auf die Heilige Schrift schwören, dass Sie hier nicht pokern?" Der Pfarrer denkt an seinen Ruf in seiner Gemeinde – was werden seine Gläubigen sagen, wenn man ihn beim Pokern erwischt?! – und nickt vielsagend mit dem Kopf. Also direkt ausgesprochen hat er die Lüge ja nicht, da kann ihm niemand etwas nachsagen. Der Polizist fragt nun den Imam: „Können Sie bei dem heiligen Buch Koran beschwören, dass Sie hier nicht pokern?" Auch der Imam denkt an seinen Ruf in der Gemeinde und nickt ergeben mit dem Kopf. Nun ist der Rabbi dran: „Herr Rabbiner, können Sie beim Talmud beschwören, dass Sie hier nicht pokern?" Der Rabbi lächelt und antwortet: „Herr Polizist, was heißt hier schwören; sagen Sie selbst: Kann ich mit mir alleine pokern?"

Der Methodistenprediger, sollte es nötig sein, ihn an die Stelle des Imam zu setzen, schwört natürlich nicht beim Koran, sondern bei seiner Kirchenordnung, die das Glücksspiel verbietet. Lassen wir jedoch die drei bei ihrem verbotenen Spiel und wenden uns einem anderen Pfarrer zu – was nicht heißt, dass wir uns des Witzes und der Weisheit der Rabbinen fürderhin entschlagen werden. Es wird noch Gelegenheit genug geben, sich darüber zu erheitern.

Ein besonders schlagfertiger Pfarrer nahm es einmal mit der Herzogin von Württemberg auf. Er war Hofprediger in Stuttgart; und die Herzogin war berüchtigt für ihren Geiz und ihre Hartherzigkeit. Eines Tages bestellte sie den Hofprediger zu sich und eröffnete ihm, er habe sie ab sofort in jedem Gottesdienst in einem Gebet zu erwähnen. „Aber das tue ich doch bereits!", antwortete der Pfarrer. Die Herzogin war erstaunt und fragte: „An welcher Stelle denn?" Der Pfarrer: „Im Vaterunser, wenn wir beten: Und erlöse uns von dem Übel."

In der heute gesprochenen Version des Vaterunsers „… erlöse uns von dem Bösen" wäre diese doppelsinnige Antwort wohl kaum möglich gewesen. Die Herzogin aber hatte immerhin so viel Respekt vor der Geistlichkeit, dass sie den Pfarrer ungeschoren davonkommen ließ und auch von ihrer Forderung Abstand nahm. Hier hatte sich Gottes Bodenpersonal einmal mit einem „knitzen Lächeln", wie die Schwaben sagen würden, bewährt.

Ein bedeutender Prediger und geistlicher Schriftsteller war Emil Frommel (1828–1896). Er war ebenfalls Hofprediger, allerdings nicht in Stuttgart, sondern in Berlin.

Emil Frommel examinierte eine Schulklasse und fragte nach dem Bibelspruch „Gott widerstehet Hoffärtigen, aber den Demütigen gibt er Gnade" (1. Petrus 5,5 nach alter Lutherübersetzung). Der aufgerufene Hans konnte damit nichts anfangen; also wollte Frommel ihm „einhelfen": „Gott widerstehet den Hof …" Da fiel es Hänschen ein: „Gott widerstehet den Hofpredigern, aber den Demütigen gibt er Gnade." Die Reaktion des Hofpredigers ist nicht überliefert.

Für einen Theologen ist die Bibelfestigkeit eine Säule seines Berufes. Wenigstens die sogenannten Kernstellen sollte man mitsamt ihrem Kontext und der Bibelstelle auswendig können. Doch auch der Laie tut wohl daran, seine Bibel zu kennen. Als Kind frommer Eltern und aufmerksamer Schüler in der Sonntagsschule waren mir schon in jugendlichen Zeiten gewisse Bibelstellen vertraut, unter anderem die Stelle Johannes 3,16. Als ich an einer Tagung für moderne Kirchenmusik teilnahm, wollte einer der teilnehmenden Pfarrer wissen, wo denn das steht: „Also hat Gott die Welt geliebt …" Ich antwortete wie aus der Pistole geschossen. Der Pfarrer sah mich mit großen Augen an. „Sag mal, was machst du eigentlich so in deiner Freizeit? ", fragte er. Ich verstand die Frage nicht. Ich war nur etwas befremdet, dass die hohen geistlichen Herren die Bibelstelle offenbar nicht nennen konnten. Wie elementar diese Bibelstelle ist, wurde mir vor ein paar Monaten wieder einmal vor Augen geführt. Ich staunte nicht schlecht, als bei der Übertragung eines Fußballspiels nach dem Sieg irgendeiner südamerikanischen Mannschaft einer der Spieler sein Trikot hochzog und darunter ein Hemd zeigte, auf dem mit großen, für alle sichtbaren Buchstaben geschrieben stand: Joh. 3,16. Die Frage ist nur, ob die Nichtchristen dieses Glaubenszeugnis auch verstanden.

Natürlich war auch ein Mann wie Emil Frommel äußerst bibelfest. Er erwartete dies auch von seinen Kollegen und Mitchristen.

Das Missionsfest sollte unter anderem dazu dienen, für die ausrichtende Missionsgesellschaft eine reichhaltige Kollekte zu erheben. Frommel hatte seine Mitwirkung unter der Bedingung zugesagt, dass er etwas später würde kommen können. Dies wurde ihm natürlich zugestanden. Der Abend kam heran, und der Saal war voll erwartungsfroher Menschen, die den Hofprediger hören wollten. Der allerdings kam nicht. Offenbar hatte der vorangehende Termin doch länger gedauert als vorgesehen. Die Gesichter wurden lang und länger. Der Veranstalter war am Rande eines Nervenzusammenbruchs. Die Veranstaltung hatte ihren Zweck verfehlt. Noch schnell ein Schlusslied, und er wollte die Versammlung entlassen. Da öffnete sich die Saaltür, und herein trat der Langersehnte. Die Mienen hellten sich auf, als der Prediger nach vorne kam. Dieser wusste, dass er nun schon etwas Besonderes bringen musste, um der Veranstaltung zu ihrem eigentlichen Zweck zu verhelfen. Er sagte: „Ich sehe hier viele Kollegen. Jeder Theologe sollte seine Bibel kennen. Ich sage nun einen Spruch; und jeder, der nicht weiß, wo er steht, zahlt einen Taler. Wo steht geschrieben: Die Nacht ist keines Menschen Freund?" Frommel ruft seine Kollegen mit Namen auf. Sprüche? Nein. Prediger? Nein. Psalmen? Auch nicht. Kurz und gut: Niemand kann die Stelle nennen. Jeder zahlt seinen Taler. Dann sagt Frommel: „Aber nicht nur die Pfarrer, jeder Christ sollte seine Bibel kennen. Ich schlage vor, dass jeder, der nicht weiß, wo der Spruch steht, eine Mark in die Kollekte zahlt." Eine Mark entsprach einem Drittel eines Talers. Das Körbchen füllt sich, der Veranstalter strahlt. So, nun noch ein Gebet, ein Schlusslied, Segen, Ende der Veranstaltung. Nachher beschwerten sich einige Pfarrer darüber, dass sie so öffentlich vorgeführt wurden und fragten, wo denn nun der Spruch eigentlich stünde. Frommel zuckte mit den Schultern. „In der Bibel jedenfalls nicht. Ich glaube, er ist von Seume." Es ist ein Sprichwort, aufgezeichnet von Karl Simrock, wird bisweilen aber auch Gellert, Gryphius oder eben auch Seume zugeschrieben. Anna Ritter hat es in einem Gedicht verwendet.

Manchmal muss man sich im geistlichen Beruf schon sehr zusammennehmen und sich üble Kommentare verkneifen. Das erfuhr ein hoffnungsfroher Vikar.

Sonntagmorgen. Der Verkehr auf der Hauptstraße ist schon beträchtlich. Eine alte Dame will die Straße überqueren, aber irgendwie schafft sie es nicht. Da kommt Vikar Meiering daher, auf dem Weg zu seinem Predigtdienst in der Kreuzkirche. Er sieht die alte Dame, und mit vorbildlichem Diensteifer hilft er ihr über die Straße. „Wohin soll es denn gehen so früh am Sonntag?" – Die Dame: „Ich gehe in die Kirche." – „Ach, das freut mich aber. In welche Kirche gehen Sie denn?" – „In die Kreuzkirche." – „In die Kreuzkirche, so, so. Da gehe ich auch hin." – „Ach ja? Dann können Sie mir vielleicht sagen, wer heute predigt." – „Aber ja!", verkündet der Vikar mit stolzgeschwellter Brust. „Heute predigt der Vikar Meiering." Die Dame: „Der Vikar Meiering? Da bringen Sie mich nur gleich wieder über die Straße zurück, zum Vikar

Meiering gehe ich nicht, der predigt immer so langweilig." Und Vikar Meiering brachte sie zurück.

Es gibt auch Vikare, die ihre eigenen Schwächen und Obsessionen pflegen und nur schwer davon abzubringen sind.

„Wie macht sich denn Ihr Vikar?", fragt der Bischof einen Pfarrer. „Och, ganz gut, er hat nur einen Fehler. Er wettet leidenschaftlich gern. Und das Schlimmste dabei ist, er gewinnt immer." Der Bischof meint: „Schicken Sie ihn doch einmal zu mir." So geschieht es. Der Vikar sitzt dem Bischof gegenüber, man redet über dies und das. Dies, das ist das Amtsverständnis, und das, das ist die Wettleidenschaft. Da sagt der Vikar: „Komisch, dass Sie davon anfangen. Ich wollte sowieso gerade eine Wette mit Ihnen abschließen." – „Eine Wette? Mit mir?" – „Jawohl, mit Ihnen. Sie haben da am rechten Schuh so eine Art Ausbuchtung. Ich wette, Sie haben da ein Hühnerauge." Der Bischof jubiliert. Er weiß, er hat kein Hühnerauge. „Um was wollen Sie denn wetten?", fragt er. „Um, sagen wir, eine Flasche Champagner. Aber nicht den von ALDI!" Der Bischof zeigt sich einverstanden, er schlägt ein und zieht sich vor dem Vikar den Schuh und die Socke aus. „Sehen Sie? Weit und breit kein Hühnerauge. Lassen Sie es sich zur Lehre dienen, junger Mann! Man kann auch ganz schön reinfallen beim Wetten." Anstandslos bezahlt der Vikar seine Wette in Geldeswert, 40 Euro für die Flasche Schampus, und schreitet von dannen. Der Bischof aber ruft hochzufrieden den Pfarrer an und erzählt ihm von der gewonnenen beziehungsweise verlorenen Wette. Der Pfarrer antwortet: „Um Gottes Willen, Herr Amtsbruder, das haben Sie getan? Mit mir hat er um eine Kiste Champagner gewettet, dass Sie vor ihm Schuh und Strumpf ausziehen!"

Wenn jemand Pfarrer ist, gehört er einem der Berufszweige an, bei denen immer gefragt wird: „Warum haben Sie ausgerechnet diesen Beruf gewählt?" Polizisten gehören dazu, Richter, Gefängniswärter und Klofrauen. Oft ist das ein Ausdruck dafür, dass der Beruf des Pfarrers gering geschätzt wird.

Eduard Mörike (1804–1875) war bekanntlich Pfarrer in Cleversulzbach. Auf einem Empfang traf er einen Offizier. Der meinte recht herablassend zu dem geistlichen Dichterfürsten: „Wenn ich mal einen recht unbegabten Sohn haben sollte, dann würde ich ihn Pfarrer werden lassen." – „Oh", gab Mörike mit feinem Lächeln zurück, „sehr bedauerlich, dass nicht schon Ihr Herr Vater so gedacht hat."

Es gibt natürlich Exemplare bei Gottes Bodenpersonal, die jedes Vorurteil rechtfertigen und für ihren Herrn schlechte Zeugen sind. Manchmal finden sie auch ihren Meister.

T. S. Eliot (1888–1965) hörte, wie ein ziemlich hochnäsiger Pfarrer sich beklagte: „Heute Morgen habe ich wieder vor einem Haufen von Eseln predigen müssen." – „Aha", sagte Eliot, „jetzt wird mir klar, weshalb Sie Ihre Predigt mit den Worten begonnen haben: Liebe Brüder und Schwestern!"

John Wesley (1703–1791), der Begründer des Methodismus, war nicht gerade für seinen Humor bekannt. Er war ein Erweckungsprediger, der es mit dem Glauben sehr ernst nahm. Er war mit Sicherheit ein sehr würdiger Vertreter seiner Zunft und hat viele Menschen zum Glauben geführt. Deshalb wurde er von Amtskirche und Welt auf das Heftigste angefeindet. Dass er dennoch einem Gegner auf witzige Art Paroli bot, traut man ihm nicht unbedingt zu; es macht ihn aber umso liebenswerter.

John Wesley war auf einem schmalen Fußpfad unterwegs. Da begegnete ihm ein Mann, der den Prediger kannte und aus tiefstem Herzen hasste. Der Weg war so schmal, dass einer dem anderen Platz machen musste. Der Mann sagte ziemlich grob: „Für einen Idioten mache ich keinen Platz." Wesley antwortete: „Ich hingegen versäume es niemals!" und ging zur Seite.

Der wilde Charakter des Wilden Westens brachte es mit sich, dass dort so manches Original zum Bodenpersonal Gottes gehörte. Zu den legendären Gestalten gehörte Peter Cartwright (1785–1872). Er hatte im Alter von 16

Jahren ein Bekehrungserlebnis und wandte sich der Methodistenkirche zu. Dort wurde er Prediger und „Bezirksreiter", das heißt, er besuchte die Gemeinden zu Pferd. Das tat er fünfzig Jahre lang; und die Legende sagt, dass er auf dem Pferderücken starb, im Alter von immerhin 87 Jahren. Seine Methoden waren herzhaft; für die heutige Zeit sind sie wohl nicht zu kopieren. So bekehrte er einst einen Gastwirt, indem er ihn übers Knie legte, das vielstrophige Lied „Es ist Kraft in des Lammes Blut" sang und den Takt dazu auf dem Allerwertesten des Gastwirtes schlug – besonders kräftig natürlich beim Refrain: „Es ist Kraft, Kraft, wunderbare Kraft in dem Blut, in dem Blut, es ist Kraft, Kraft, wunderbare Kraft in dem Blut des Lammes allein." Die letzte Strophe hörte der Gastwirt schon als Christ …

Im Saloon im Wilden Westen taucht ein Fremder auf. Er ist schmal, ein wenig grau im Gesicht und schon etwas ältlich. Er verschafft sich durch einen Pistolenschuss Gehör und teilt den Gästen mit: „Heute will ich mich besaufen. Wer besäuft sich mit mir?" Die Gäste, gestandene Cowboys und Westmänner, lachen. Um dem Fremden eins auszuwischen, bestimmen sie den besten Säufer des Hauses zum Wetttrinken. Nach zwei Stunden tragen sie ihn hinaus, während der Fremde ganz vergnügt pfeifend das Lokal auf seinen zwei Beinen verlässt. Das Rätselraten ist groß. Am nächsten Abend ist der Fremde wieder da. Diesmal braucht er keinen Pistolenschuss, um Ruhe zu schaffen. „Heute will ich mich mit jemandem prügeln. Wer prügelt sich mit mir?" Die Erfahrungen vom Abend zuvor sind auf einen Schlag vergessen, und man bestimmt den besten Prügler des Lokals, sich mit dem schmalbrüstigen Fremden zu messen. Zwanzig Minuten später muss man den Barbier des Ortes holen, um den Prügler zu verbinden, während der Fremde sich die Hände reibt und sich noch einen Whiskey einschenken lässt. Am Abend drauf ist er wieder im Saloon. Diesmal wollen sie es ihm aber richtig zeigen. „Heute Abend will ich mich mit jemandem schießen. Wer schießt sich mit mir?" Dröhnendes Gelächter; und der beste Schütze im Saloon wird auserwählt, dem Fremden zu zeigen, wie man in dieser Stadt auf Fremde schießt, die sich etwas einbilden. Die beiden gehen vor die Tür, die Zuschauer ebenfalls. Das Ritual beginnt, die Schüsse fallen. Der Schütze aus dem Saloon hält sich wimmernd das Knie und ruft nach einem Krankenwagen, während der Fremde lächelnd den Revolver ins Holster steckt. Am Abend drauf, es ist mittlerweile der vierte, taucht er wieder im Saloon auf. Bei seinem Anblick verstummt jedes Gespräch. In den Gesichtern der Gäste malt sich widerstrebende Achtung vor dem Fremden. Der bestellt sich einen Whiskey, lehnt sich an die Theke und sagt: „Übrigens, morgen ist Sonntag, da will ich euch in der Kirche sehen, und zwar alle, ohne Ausnahme. Ich bin euer neuer Pastor!"

Wohin gehört der nun folgende Witz? Er ist typisch für Gottes Bodenpersonal; aber er könnte auch unter dem Titel „Tod, Himmel und Hölle" stehen. Dort stand er zunächst auch; aber dann wurde mir bewusst: Es handelt sich ja nur um Träume. Und Tod, Himmel und Hölle sind keine Träume.

Der Organist und der Pastor des Ortes pflegen eine herzliche Abneigung gegeneinander, wie das wohl öfters einmal vorkommt. Bei einer Hochzeit zieht der Pastor den Organisten auf: „Ich träumte, ich sei gestorben und komme an die Himmelstür. Ja, alles ist so, wie wir das glauben: Petrus lässt mich rein. Es ist auch alles ganz herrlich und wunderbar. Aber je weiter wir in den Himmel kamen, desto lauter wurde es. Schließlich kamen wir vor eine Tür, dahinter war es so laut, dass man sein eigenes Wort fast nicht verstehen konnte. Ich fragte: „Wer macht denn hier so einen Krach?" Petrus antwortete: „Das sind die Organisten, die hören nicht auf, sich gegenseitig zu verprügeln." Die Hochzeitsgesellschaft lacht, der Organist nicht. Bei der nächsten Hochzeit sitzt er wieder neben dem Pastor. „Ach übrigens", eröffnet er das Gespräch, „ich habe letztens dasselbe geträumt wie Sie. Ich starb und kam in den Himmel. Ja, ganz recht, es wurde immer lauter. Wir kamen auch an die Tür mit den Organisten. Aber wir gingen noch weiter. Und je weiter wir kamen, desto ruhiger wurde es. Schließlich kamen wir an eine Tür, dahinter war es so still, dass man seinen Atem hören konnte. Ich fragte Petrus, wer denn hinter dieser Tür sei. Er antwortete: „Das ist der Saal für die Pastoren." Ich fragte weiter: „Und warum ist es da so still?" Petrus antwortete: „Bis jetzt ist noch keiner hineingekommen."

Evangelische und katholische Geistliche verstehen sich nicht immer als Konkurrenten, sondern sind einander oft recht zugetan. Vor allem mit zwei katholischen Pfarrern hatte ich als Methodist ein geradezu freundschaftliches Verhältnis. Der eine druckte meinen Gemeindebrief und der andere trank meine Weine. Der eine war mir so lieb wie der andere.

Ein evangelischer und ein katholischer Pfarrer unterhalten sich über die Unterschiede ihrer Glaubenslehren, in aller Freundschaft, versteht sich, aber heftig. Am Ende erzählt der Katholik seinem Bischof: „Wir haben uns geeinigt. Wir dienen beide demselben Herrn, er auf seine Art und ich auf die Seine.“ Und zeigt dabei nach oben.

Manchmal fragen sich die Gemeindeglieder, ob ihr Pastor das alles auch lebt und glaubt, was er verkündigt. Gerade die Intellektuellen finden Möglich keiten, den Verkündiger auf die Probe zu stellen – sehr zu Recht. Glauben und Leben sollen eine Einheit sein.

Der Dorfschulmeister trifft den Pastor am Rande einer dörflichen Kirmes. Er sagt: „Sie haben letzten Sonntag gepredigt, dass, wer auf die rechte Wange geschlagen wird, dem Täter auch die linke hinhalten soll (Matthäus 5,39). Stimmt das?" Der Pastor bejaht die Aussage, und sofort schlägt ihn der Lehrer auf die rechte Backe. Der Pastor reibt sich überrascht die schmerzende Stelle, doch dann hält er dem Lehrer die andere Backe hin, die dieser ebenfalls mit einer kräftigen Ohrfeige versieht. „So", sagt der Pastor, „das ist die eine Seite." Dann holt er weit aus und zahlt es dem Lehrer mit gleicher Münze heim. „Desgleichen steht geschrieben", kommentiert er seine kraftvollen Schläge, „mit welchem Maß ihr messt, wird euch zugemessen werden (Matthäus 7,2b)." Inzwischen haben sich Zuschauer eingefunden. Auch der Dorfpolizist erscheint und fragt: „Was tun die beiden da? Prügeln die sich etwa?" – „Nein, nein", beruhigt ihn einer der Zuschauer, „sie legen sich nur gegenseitig die Heilige Schrift aus."

Zu Gottes Bodenpersonal gehören auch die Heerscharen von Diakonissen und Nonnen, die oft in entsagungsvoller Schwerstarbeit Gott und den Nächsten dienen. Einige von ihnen waren und sind als Gemeindeschwestern tätig und fahren von Krankenlager zu Krankenlager, um den Menschen ihr trauriges Schicksal ein wenig zu erleichtern.

Eine Krankenschwester war mit ihrem alten Dieselmercedes unterwegs, als der Motor plötzlich streikte. Ein Blick zur Tankuhr offenbarte ihr den Grund: Sie hatte vergessen zu tanken. Aber das war halb so schlimm, dachte sie, ein Bauernhof war in Sichtweite, und Bauern, das wusste sie, haben meistens einen Öltank auf ihrem Hof, um ihren Traktor betanken zu können. In wenigen Minuten war sie dort und brachte ihr Anliegen vor. Gern wollte der Bauer ein paar Liter von seinem Treibstoff abgeben; aber womit sollte der transportiert werden? Nun war guter Rat wirklich teuer. Aber man darf keine Diakonisse sein, wenn einem nicht doch etwas einfallen soll. „Für alle Fälle", sag-

te sie und schmunzelte, „habe ich noch ein Nachtgeschirr im Auto."
– „Ein was?", fragte der Bauer entgeistert. „Einen Nachttopf. Einen
Pisspott, wenn Sie es nun schon so genau wissen wollen." Sie ging die
paar hundert Meter zu ihrem Wagen zurück und kam mit dem Nacht-
geschirr in der Hand zurück. Der Bauer füllte es, und die Diakonisse
trug das kostbare Nass zu ihrem Wagen. Aus einer alten Zeitung, die sie
noch im Wagen hatte, rollte sie eine Art Einfüllstutzen, und los ging es.
Da hielt neben ihr ein Lastwagen. Der Fahrer beugte sich heraus und
rief lachend: „Schwester, Ihren Glauben möchte ich haben!"

Beim Schreiben merkt man, dass diese Geschichte konstruiert ist. Ich habe schon statt der Tankstelle den Bauernhof erfunden; denn welche Tankstelle hätte kein Gefäß, um Benzin beziehungsweise Diesel zu transportieren? Aber auch dass es auf dem ganzen Bauernhof keine Flasche und keinen Kanister geben sollte, womit man den Diesel hätte transportieren können, ist äußerst unwahrscheinlich. Und dass der Lastwagenfahrer sich aus dem Wagen herauslehnt hin zu dem am rechten Straßenrand stehenden Auto ist ebenso unglaubwürdig; er müsste sich ja über beide Beifahrersitze hinüber beugen. Trotzdem erzähle ich diesen Witz gern.

Es ist aber ein Irrtum, wenn man glaubt, nur Vollzeitbeschäftigte, sozusagen Profis, gehörten zu Gottes Bodenpersonal. Nicht ohne Grund spricht die Reformation vom Priestertum aller Gläubigen. Oft sind es die ganz einfachen Christen, die durch Wort und Tat das Evangelium verkündigen, und das manchmal wirkungsvoller als ausgebildete Theologen – wobei nichts gegen eine gute Ausbildung von Theologen spricht! Aber die persönliche Überzeugungskraft kann man nicht erlernen, sie ist Geschenk und Gabe. Auch Behinderungen bedeuten keineswegs, dass man nicht zu Gottes Bodenpersonal zählen kann. Manchmal ist es sogar die Behinderung selbst, die zu einer wirksamen Verkündigung beiträgt.

Bei der württembergischen Bibelgesellschaft in Stuttgart meldet sich ein
Mann und bietet sich an, als sogenannter Bibelkolporteur zu arbeiten.
Das ist so etwas wie ein Vertreter, der seine Ware an der Haustür ver-
kauft, nur, dass es sich in diesem Fall um Bibeln handelt. Der Bewerber
wäre an sich willkommen; er hat nur einen Fehler, der ihn in den

D-d-d-an-ke!

V. Mir

Augen des Personalchefs völlig ungeeignet macht: Er stottert stark. Er bekommt kaum ein Wort ohne seine Sprachhemmung heraus. Die Bibelgesellschaft lehnt strikt ab. Aber der Mann bittet so hartnäckig um diese Arbeit, dass man ihm schließlich, nur, um ihn loszuwerden, zwanzig Bibeln gibt, die er an den Haustüren nicht verkaufen wird. So wird er vielleicht von seiner Leidenschaft geheilt. Am Abend kommt der Mann zur Abrechnung in die Bibelanstalt und verkündet stolz, er habe alle zwanzig Exemplare verkauft. Man mag es kaum glauben, aber der Mann zählt das Geld dafür auf Heller und Pfennig auf den Tisch. Man fragt ihn, wie er denn das gemacht habe. Der Kolporteur antwortet: „Gggganz aaainfach. Iiich b…bin an ddddie Tütür und hhhabe gegegefragt: Kkkaufen Sisiesie mmmir einnne Bbibel aaab, oooder ssssoll iiich Ihnenen dddaraus v…vorllesen? Uuund ddie Llleutte hahahaben gg…gekauft.“

Der ernsthafte Hintergrund dieses Witzes: In Köln gab es tatsächlich einmal einen Jugendpriester, der stotterte. Er nutzte ebenfalls seine Behinderung als Instrument der Verkündigung. Wenn er etwas Wichtiges zu sagen hatte, aber die Sprechwerkzeuge wieder einmal ihren Dienst versagten, bat er seine Jugendlichen, ihm zu helfen, die schwierigen Worte zu finden und auszusprechen. Wenn sie mit dem Wort auch die Sache erkannt hatten, vergaßen sie sie meistens nicht wieder. Seine Jugendlichen hielten große Stücke auf ihn. Sie wussten, er braucht sie; und das gab ihnen ein Gefühl für ihren Wert.

Es gibt auch Menschen, die zu Gottes Bodenpersonal gehören, ohne dass ihnen das vielleicht bewusst ist. Sie legen einfach dort Hand an, wo es nötig ist, helfen, wo Hilfe gebraucht wird und verhelfen der inneren Ordnung von Menschen zu ihrem Recht. Ein ostfriesischer Bauer gehörte sicherlich zu diesen Menschen. Die folgende Geschichte ist authentisch.

Es war während des Zweiten Weltkrieges. Die Bauern hatten es in der Lebensmittelknappheit immer noch ganz gut getroffen; aber manche Menschen waren schon nahe am Verhungern. So erging es auch einer Familie, die in der Nachbarschaft eines Bauern lebte. Der Bauer jedenfalls sah, dass hier Hilfe nötig war. Er brachte den Leuten eine Milchziege. Er habe keinen Platz mehr für sie, sagte er, und wolle das Tier deshalb bei den Nachbarn einstellen. Als Miete sollten sie die täglich anfallende Milch erhalten. Das hatte sich der Bauer so ausgedacht, um die Nachbarn nicht zu beschämen. Die Nachbarn nahmen die Ziege mit Freuden an. Eines Abends aber ging es ihnen so schlecht, dass sie in ihrer Not die Ziege schlachteten, um wenigstens einmal etwas Fleisch in den Kochtopf zu bekommen. Dies bemerkte aber ein dritter Nachbar. Der hatte nichts besseres zu tun, als eilig den Besitzer der Ziege über das Schicksal des Tieres in Kenntnis zu setzen. Da sagte der Bauer zu dem Denunzianten: „Ach, die armen Leute, dann haben sie ja gar keine Milch mehr. Hier ist eine Kanne Milch, bring sie schnell mal eben hinüber." Mit welchen Worten der Denunziant die Milch überbrachte, ist nicht überliefert; es muss wohl eine peinliche Angelegenheit gewesen sein.

Wie sehr auch Gottes Bodenpersonal aus Menschen besteht, musste ein katholischer Architekt erfahren.

Ein Architekt reichte die Pläne für den Neubau eines Priesterseminars ein. Wenige Tage später erhielt er sie zurück mit der lateinisch gestellten

Frage: *„Suntne angeli?"* Er musste erst seinen Priester um die Über-setzung bitten: *„Handelt es sich um Engel?"* Er hatte vergessen, die Toiletten einzuplanen.

DAS KOMMT VOM ALKOHOL!

Das Christentum hat den Wein gewürdigt, bei der heiligen Handlung des Abendmahls eine zentrale Rolle zu spielen. Die Rücksichtnahme auf Alkoholiker machte den Ersatz durch Traubensaft notwendig. Manch geistlicher Würdenträger hat allerdings seine ganz eigene Art, mit dem Wein und verwandten Getränken umzugehen. Schon Kinder und Jugendliche wissen manchmal nur zu gut von dem heimlichen Laster des Pfarrers – natürlich, weil die Eltern sich darüber amüsieren. Es lässt sich offenbar auf die Dauer nicht verbergen. Der folgende Witz hätte auch bei den Wundergeschichten einen Platz finden können; aber hier geht es nicht um das Wunder, sondern um den Pfarrer:

Ein Pfarrer will den Kindern im Konfirmandenunterricht erklären, was ein Wunder ist. Er fragt: „Was würdet ihr sagen, wenn mitten in der Nacht die Sonne scheinen würde?" Ein Schüler meldet sich und sagt: „Dass das nicht die Sonne ist, sondern der Mond." – „Nein, stellt euch vor, jemand erzählt euch allen Ernstes, dass mitten in der Nacht plötzlich die Sonne scheint!" Antwort: „Dass er lügt." Der Pfarrer versucht es noch einmal: „Und wenn ich es selbst bin, der euch das erzählt?" Antwort von Fritz, dem Sohn des Dorfkneipenwirtes: „Dass Sie schon wieder zu tief ins Glas geschaut haben, Herr Pfarrer!"

Wie hoch die Rate des Alkoholismus unter Pfarrern ist, wissen vielleicht die Psychotherapeuten und die Sanatorien, früher nannte man sie „Trinkerheilanstalten". Auf der anderen Seite gibt es viele Geistliche, die den Alkoholismus tapfer bekämpfen, weil sie die verheerenden Folgen kennen.

Der einzige Friseur des Ortes ist dafür bekannt, dass er ein allzu guter Freund der geistigen Getränke ist. Trotzdem lässt sich der Pfarrer des Ortes bei ihm rasieren. Vielleicht, so denkt der Pfarrer, kann er im Ge-

spräch auf den Friseur einwirken, dass dieser seinen Drang zum Alkohol etwas mäßigt. Da plötzlich schneidet der Meister des Rasiermessers den Kunden in die Haut, so dass dieser etwas blutet. Der Pfarrer sieht seine Stunde gekommen und setzt zu seiner Strafrede an: „Sehen Sie jetzt, was der Alkohol anrichtet? Nur der Alkohol ist schuld daran!" – „Gewiss", versetzt der Friseur, „da haben Sie Recht, Herr Pfarrer. Davon wird die Haut so mürbe."

Manchmal geht eben der Schuss nach hinten los. Das musste auch der Pfarrer erfahren, der einen Bauarbeiter vom Alkohol befreien wollte. Dass es ein katholischer Pfarrer war, spielt, wie wir sehen werden, dabei eine gewisse Rolle.

Der Pfarrer sieht einen Bauarbeiter, wie er auf einem Bauplatz am helllichten Vormittag eine Flasche Bier an den Mund setzt. Er weiß schon länger, dass der Bursche milde ausgedrückt alkoholgefährdet ist, und immer wieder versucht er, ihn davon abzubringen. Auch diesmal sieht der Pfarrer seine Chance gekommen. Er geht an den Bauzaun und ruft dem Bauarbeiter zu: „Na, Hans, schon wieder Durst?" Der Angeredete kommt zum Bauzaun und sagt: „Nee, nee, Herr Pfarrer, so weit lass ich es erst gar nicht kommen. Herr Pfarrer, aber sagen Sie mal, warum fragen Sie mich immer solche Sachen? Immer nur Alkohol, immer wenn Sie mich sehen, reden Sie über den Alkohol. Warum?" Der Pfarrer: „Weil du Probleme mit dem Alkohol hast." – „Was, ich? Probleme mit dem Alkohol? Niemals! Nur ohne." Der Pfarrer jauchzt innerlich; endlich kommt es zum entscheidenden Gespräch mit dem gefährdeten Bruder. „Ja, Hans, da kannst du mal sehen. Ohne den Alkohol bekommst du Probleme. Weil du zu viel trinkst. Der Alkohol ist dein größter Feind." Hans nimmt noch einen tiefen Schluck aus seiner Flasche und sagt: „Ja, Herr Pfarrer, das kann schon sein. Aber steht nicht in der Bibel, man soll seine Feinde lieben?" – Jetzt schluckt der Pfarrer, aber er fängt sich. „Ja, richtig", entgegnet er, „das steht da: Liebt eure Feinde! (Matthäus 5,44). Es steht aber nicht da, dass ihr sie verschlucken sollt!" Nun schluckt wieder Hans, diesmal aber trocken. „Ich habe da noch eine Frage, Herr Pfarrer. Woher kommt eigentlich

Arthritis?" Da sieht der Pfarrer endgültig seine Stunde gekommen, und er triumphiert: „Das will ich dir sagen, Hans. Arthritis kommt vom Rauchen und vom Saufen; jawohl, vor allem vom Alkohol." Wieder etwas ruhiger geworden, setzt er hinzu: „Warum fragst du?" Hans grinst: „Weil ich soeben in der Zeitung gelesen habe, dass der Papst Arthritis hat."

IM GOTTESDIENST

Unter einem Gottesdienst versteht man in der Regel den ein- bis anderthalb-stündigen Besuch einer heiligen Stätte, sei es es eine Kirche, eine Synagoge oder eine Moschee. Der Besucher nimmt an einer gottesdienstlichen Handlung teil, mit Liedern, Gebeten und einer Predigt. In der katholischen Kirche gehört die Eucharistiefeier dazu, in der evangelischen, allerdings sehr viel seltener, die Abendmahlsfeier. Aber auch die sogenannte kirchliche Trauung ist ein Gottesdienst, im kirchlichen Amtsdeutsch: ein Gottesdienst anlässlich einer Trauung. Dasselbe gilt für die Trauerfeier. Gottesdienst ist überall, wo das Gotteslob erklingt oder wo das Evangelium verkündigt wird. Das kann auch in den eigenen vier Wänden geschehen. Insofern wird hier keine exakte Trennung zwischen den Gottesdienstformen gezogen. Hier finden Geschichten, Gedichte und Witze ihren Platz, die in einem Gottesdienst ihren „Sitz im Leben" haben, gleich, welcher Art dieser Gottesdienst gewesen sein mag.

Auch die Besucher eines Gottesdienstes sind keine Engel, sondern Menschen, und nichts Menschliches ist ihnen fremd. Dass sie menschliche Bedürfnisse verspüren und menschlichen Irrtümern unterliegen, davon erzählen die beiden folgenden Witze:

Das Eingangslied wird von der Orgel intoniert. Eine ältere Dame kramt mit wachsender Nervosität in ihrer Handtasche. Schließlich holt sie ein schönes Stück geräucherten Bauchspeck hervor, betrachtet es und murmelt: „Was in aller Welt habe ich dann vorhin in die Erbsensuppe geworfen?"

Eine andere ältere Frau stolpert, als sie die Kirche betritt, und fällt hin. Sofort hilft man ihr auf. Es ist ihr weiter nichts passiert, nur der Inhalt der Handtasche liegt auf dem Boden verstreut. Neben den verschiedenen Dingen, die eine Handtasche nun mal enthält, findet sich auch ein Gebiss. Einer ihrer Helfer fragt erstaunt: „Was sucht denn Ihr Gebiss in

der Handtasche?" Sie antwortet: „Das ist nicht mein Gebiss. Es gehört
meinem Mann. Wenn ich es ihm nicht wegnehme, frisst er mir den
ganzen Sonntagsbraten auf."

Hilfsbereitschaft gehört zu den christlichen Tugenden. Doch hat sie gewisse
Grenzen, auch wenn sie sich in einem Gottesdienst bewähren muss.

Die junge Frau weiß genau, wie sie zu reagieren hat, hat sie doch kurz
zuvor einen Erste-Hilfe-Kursus absolviert. Es ist heiß und stickig in der
Kirche, also kein Wunder, dass der ältere Mann neben ihr plötzlich zu-
sammensackt. Sie fasst seinen Hinterkopf, drückt ihn noch etwas tiefer
hinunter und sagt: „Es wird alles gut. Atmen sie tief ein. Atmen Sie aus."
Sie ist nur irritiert durch die Frau, die auf der anderen Seite neben dem
Mann sitzt. Die lächelt nämlich, das heißt, eigentlich grinst sie sogar.
„Wie kann man in einem solchen Notfall grinsen?", denkt sich die hilfs-
bereite junge Frau, als endlich der Mann sich vernehmen lässt. „Nun
lassen Sie mich doch los, Sie dumme …" Es folgte der Name eines Tie-
res, das nicht hierher gehört. Mit einem Ruck befreit er sich. „Und nun
bücken Sie sich gefälligst, wenn Sie mir schon helfen wollen, und heben
mein Gesangbuch auf, das mir soeben unter die Bank gefallen ist …"

Zum Gottesdienst gehört auch der Gesang. Die nun folgende Geschichte
hat den Vorzug, wahr zu sein; ich habe sie sozusagen selbst erlebt.

Nach einem Gottesdienst anlässlich einer Trauung kam ein Besucher
auf mich zu, der sich vorher mit mir bekannt gemacht und sich als
Duisburger vorgestellt hatte. Nun habe ich zu Duisburg besondere
Beziehungen, die durch diesen Gottesdienst noch eine neue Färbung
bekamen. Da stand der Duisburger nun vor mir und konnte vor La-
chen kaum sprechen. Er hatte große Mühe, mir den Grund dafür zu
erzählen. Endlich fasste er sich und sagte: „In dem Lied, das wir ge-
sungen haben, ‚Welch ein Freund ist unser Jesus', kommt doch die Zeile
vor: Oh so ist uns Jesus alles, König Priester und Prophet. Wissen Sie,
was ich da rein aus Versehen gesungen habe? Oh so ist uns Jesus alles,
König-Pilsner und Prophet!"

Seither kann ich ohne Schmunzeln weder an Duisburg, dem Erzeugungsort dieses Bieres, noch an das Bier selbst, geschweige denn an dieses Lied denken. Ich konnte es fortan auch nicht wieder singen lassen.

Der Gottesdienst beginnt in der Evangelischen Kirche mit dem Glockengeläut. Wo keine Glocken vorhanden sind, gibt der Organist das Startsignal. Leider muss er dabei oft das angeregte Gespräch der Gemeindeglieder unterbrechen; und das gelingt nicht immer, sodass oftmals ungehindert geplaudert wird, während der Organist seine komplizierten kontrapunktischen Künste zelebriert. Richtig ärgerlich sind aber die Zuspätkommenden. Sie huschen dabei meistens nicht möglichst unbemerkt auf ihre Plätze, sondern tun durch hörbares Gerede und Geruckel mit den Stühlen der ganzen Gemeinde kund, dass sie nun auch angekommen sind.

Eine Familie kam regelmäßig viele Minuten zu spät zum Gottesdienst, sodass das Vorspiel schon zu Ende war und der Pfarrer die Eingangsworte sprach. Eines Tages hatte dieser genug davon. Er unterbrach sich beim Anblick derer, die durch die Eingangstür stolzierten, und sagte: „Hiermit gebe ich der Gemeinde bekannt, dass Familie Meyer nun endlich auch angekommen ist." Der Name ist natürlich erfunden. Familie Meyer aber, Vater, Mutter und drei heranwachsende Kinder, errötete insgesamt und kam fortan pünktlich – aber nur dreimal. Beim vierten Mal platzten sie in das Orgelvorspiel hinein; und vom nächsten Sonntag an kamen sie wieder erst während der Eingangsworte. Dann wurde der Gottesdienst um eine halbe Stunde nach hinten verlegt. Familie Unpünktlich kam zehn Minuten zu früh! Beim nächsten Gottesdienst kam sie genau pünktlich, und von da an wieder mit gewohnter Verspätung. Der Pastor gab seine Erziehungsversuche auf. Es gibt eben Leute, so sagte mein Vater, die sind zu spät geboren.

In den Lutherischen Kirchen wird oft die deutsche Messe gelesen und gesungen. In Ostfriesland gab es ein Messbuch, das mit einer kräftigen Ermahnung für den Pfarrer eröffnet wurde.

Es war der erste Gottesdienst, den der frischgebackene Vikar feiern sollte. Die Orgel hatte ihr Vorspiel beendet, der Vikar schlug das Messbuch auf und geriet aus Verwirrung in die falsche, das heißt erste Zeile auf der richtigen Seite. Die überraschte Gemeinde hörte den Vikar im 1. Choralton (d-Dorisch; die Tonleiter geht von D bis d) singen: „Wenn der Pastor nicht singen kann, so spricht er." Der Organist, wie üblich auch der Kantor der Gemeinde, reagierte blitzschnell und antwortete in demselben Choralton: „Da tut er wohl daran!", und die Liturgie konnte ihren Anfang nehmen.

Doch auch in den calvinistisch-reformierten Gemeinden, die es neben den lutherischen ebenfalls in Ostfriesland gibt, geschahen bisweilen merkwürdige Dinge. Die Krummhörn ist traditionell ein eher antikirchliches Gebiet, und da konnte es passieren, dass der Kantor und der Pastor (so nennen sich in Norddeutschland die Pfarrer) am Sonntagmorgen beinahe unter sich waren. Hinzufügen muss man noch, dass in der Zeit, in der diese Anekdote spielt, die Reformierten noch ihr altes Gesangbuch hatten, das jeden Psalm gereimt und mit einer Melodie versehen enthielt. Das ging auf die calvinistische Reformation mit ihrem Genfer Psalter zurück.

Es war ein trüber Sonntagmorgen, nicht nur deshalb, weil die Wolken wieder tief über dem Flachland hingen, sondern auch, weil die reformierte Kirche wieder einmal so gut wie leer war. Zum Pastor und zum Kantor war nur noch eine alte Dame erschienen. Da meinte der Pastor: „Herr Kantor, wollen wir heute den Gottesdienst nicht ausfallen lassen?" Der Kantor, der ohnehin nicht sehr gut auf den Pastor zu sprechen war, drohte diesem mit dem Finger und sprach die beinahe klassische Sentenz: „Pastor, Pastor, tu deine Pflicht!" Der Pastor tat, wie ihm geheißen, eröffnete den Gottesdienst und kündigte an: „Und nun, liebe anwesende Gemeinde, lasst uns miteinander singen. Wir schlagen auf den Psalm 119." Der Psalm 119 ist nicht nur der längste Psalm in der Bibel, sondern auch im damaligen Gesangbuch der Reformierten. Er hatte 88 Strophen. Der Kantor drehte sich auf seiner Orgelbank um und rief: „Pastor, doch wohl nicht alle Strophen?" Woraufhin der Pastor seinerseits mit dem Finger drohte und sprach: „Kantor, Kantor, tu deine Pflicht!" Ob die anwesende Dame den Psalm bis zum Ende mitsang, ist nicht überliefert.

In der Zeit, als ich selbst Organist in der reformierten Gemeinde in Leer war, erlebte ich folgendes:

Die reformierten Kirchen sind ohne jeden Schmuck; und ein eigentlicher Altar ist ihnen fremd. So stand das einzusegnende Brautpaar vor einem Tisch mit roter Tischdecke. Der Pastor stand hinter dem Tisch und hielt von dort aus die Ansprache. Er sagte: „Hochzeit, das ist hohe Zeit. Manchmal ist es auch höchste Zeit." Ein diskreter Blick von der Orgelbank auf den Bauch der Braut überzeugte mich: Der Pastor hatte Recht, und die Braut wurde so rot wie die Tischdecke.

Heutzutage wäre der Zustand der Braut keiner Nebenbemerkung gewürdigt worden. Oftmals feiert ein Ehepaar die kirchliche Trauung erst anlässlich der Taufe ihres ersten Kindes. Das ist dann eine sogenannte „Traufe".

Die in Ostfriesland stationierten Pastoren mussten sich, wenn sie von auswärts kamen, mit den ostfriesischen Vornamen zurechtfinden. Da gibt es Habbo und Tjabbo, Ubbo und Tjark, Menno und Onno und so weiter. In einem kleinen Dorf lebten unmittelbar benachbart zwei alleinstehende Damen; die eine hieß Everdine Boelsen, die andere Deverdine Boelsen; ausgesprochen wurde der Nachname „Bohlsen", und für die des ostfriesischen Plattdeutsch Mächtigen hießen sie „Biaulsen". Wobei der Nachname sich von dem Vornamen Boele herleitete – das wurde nun wieder „Bohle" oder auch „Böhl" ausgesprochen. Nur die Leute aus einem bestimmten Landstrich sagten „Biaul". Ostfriesische Friedhöfe sind für Namenskundler ein wahres Eldorado. Für die Pastoren fremder Herkunft war das zu früheren Zeiten eher ein Hindernis; vor allem mussten sie bei der Taufe den fremd klingenden Namen nicht nur korrekt aussprechen, sondern auch richtig auf das Taufformular schreiben; denn damals bekam das Kind seinen Namen durch die Taufe.

Der hochdeutsch sprechende Pastor besuchte die Familie Watzema (ein in Ostfriesland durchaus gängiger Name), in der ein Knabe „aufgestanden war" – so umschrieb man in Ostfriesland euphemistisch die Geburt. Der Geistliche hatte etwas Mühe mit der plattdeutschen Sprache, aber sie verständigten sich dann doch ziemlich schnell. Schließlich

fragte der Pastor: „Wie soll denn Ihr Kind heißen?" Nun waren sich die
Eltern über den Namen des Jungen nicht einig geworden und hatten
beschlossen, dem Pastor die Namensfindung zu überlassen. So antwor-
tete die Mutter denn: „Och, wat se meenen, Herr Pestoor (ach, wie Sie
meinen, Herr Pastor)." Der traute seinen Ohren nicht und wandte
sich an den Vater. Der aber nickte und sagte: „Jowull, Herr Pestoor,
wat Se meenen." Also sprach der Pastor, während er dem Täufling die
drei Handvoll Wasser über den kahlen Schädel träufelte, die Worte:
„Ich taufe dich auf den Namen Gottes des Vaters, des Sohnes und des
Heiligen Geistes, und du sollst heißen: Watsemeenen Watsema". Wie
der Knabe dann doch noch zu einem richtigen Namen kam, ist nicht
überliefert. Sein Spitzname allerdings begleitete ihn bis ins hohe Alter.

Dass der Taufgottesdienst noch andere Tücken hat, habe ich sozusagen an
eigenem Leibe erfahren, oder besser gesagt, am Leibe meiner Tochter.

Meine Tochter zeichnete sich vom Augenblick der Geburt an durch eine
äußerst kraftvolle Stimme aus, die dem Organ Oskar Matzeraths aus
der Blechtrommel Günter Grass' alle Ehre gemacht hätte. Das zeigte
sie auch während der Taufansprache, die ein befreundeter Pastor hielt.
Sie beeindruckte die ganze Gemeinde durch stimmgewaltige Darbie-
tungen. Der Pastor geriet deshalb gehörig ins Schwitzen, musste er
doch gegen die Lautstärke des Täuflings anpredigen. Das Kind aus dem
Gottesdienst zu entfernen, kam für Vater und Mutter überhaupt nicht
in Frage. Nach einer Weile wischte sich der Pastor den Schweiß von
der Stirn und sagte, sich mitten im Satz unterbrechend: „So, jetzt ist
Schluss. Ich kann nicht mehr. Amen, aus, basta!" Und die Predigt war
aus. Wir konnten es ihm nicht verübeln.

Die Tochter trat theologisch noch an einem anderen Ort in Erscheinung,
und zwar dort, wo man es nicht unbedingt erwartet: In der Schalterhalle
einer Bank. Aber diese Geschichte muss von Anfang an erzählt werden, auch
wenn sie an dieser Stelle ein wenig deplaciert wirkt.

Wir machten uns manchmal den Spaß, Lieder und Gedichte zu ver-
drehen und ihnen einen komischen Sinn zu verleihen. So wurde aus
einem bekannten weihnachtlichen Kinderlied folgendes Nonsens-Ge-
dicht, von den Kindern mit Begeisterung aufgesagt:

Alle Jahre wieder
schwebt ein Krokodil
auf die Erde nieder,
bringt Geschenke viel.

Weihnachten war nun längst vorüber, es war der 31. Oktober, Welt-
spartag. Wir waren mit unserer Tochter in der Bank. Stolz hielt sie
ihren Zehnmarkschein in die Höhe, den sie einzahlen wollte. Die
Bank war schwarz von Menschen. In unserer Nähe stand eine ältere
Dame, die meine Tochter durch große Brillengläser anschaute. „Na",
sagte sie zu ihr, „sparst du auf das Christkind?" Nun hatte ich grund-
sätzlich eine Abneigung gegen Leute, die meine Kinder herablassend
ansprachen, so antwortete ich ziemlich unwirsch: „Nein, wir glauben
nicht an das Christkind." Meine Tochter schielte von unten schrägt
nach oben und trompetete in den Saal: „Nein, wir glauben an das
Weihnachtskrokodil!" Das Gesicht der Dame entgleiste, und ich hoffte
inständig, dass sie nicht wusste, dass ich Pastor einer Freikirche bin.

Die nun folgende Geschichte scheint zunächst mit dem Thema Gottesdienst
nicht das Geringste zu tun zu haben. Dafür hat sie den Vorzug, wirklich und
wahrhaftig so passiert zu sein; ich selbst war der „Übeltäter".

Es war ein Samstagabend im wunderschönen Monat Mai. Lau konnte
man die Luft nicht nennen; im Gegenteil, es war sogar ziemlich kühl,
und der Boden war vom Regen des Vortages noch aufgeweicht. Wir sa-
ßen dennoch bestens gelaunt um ein Lagerfeuer und ließen es uns wohl
sein. Gegen ein Uhr morgens beendeten wir das Fest. Einer der Teil-
nehmer hatte einen Traktor mit Anhänger, und mit dem wollte er die
einzelnen Teilnehmer nach Hause fahren. Ich sollte als erster zu Hause
sein. Mein Zuhause war eine Art Internat, in dem wir als Theologiestu-

denten zusammenlebten. Ich hatte das Zimmer im obersten Stock am weitest entfernten Ende. Der Traktor tuckerte über den Parkplatz, und wir zitterten mittlerweile vor Kälte. Da hatte ich eine Idee. „Kommt mit zu mir rauf!", sagte ich, „ich habe noch eine Flasche Schnaps zum Aufwärmen." Gesagt, getan, und bei dem wärmenden Getränk verbrachten wir noch eine gute halbe Stunde zusammen. Todmüde sank ich ins Bett. Gefühlt nach einer halben Stunde, in Wirklichkeit fünf Stunden später, klopfte es energisch an meiner Tür. Zwei meiner lieben Mitstudenten standen davor und sagten: „Komm doch einmal raus!" Ich wollte zuerst nicht, sie bestanden aber darauf, und dann sah ich die Bescherung: eine dicke, fette Dreckspur zog sich über den ganzen Flur und endete vor meinem Zimmer. Es war der nasse Boden von unserer Feuerstelle. Ich konnte mir ausrechnen, dass das ganze Treppenhaus, fünf breite hohe Treppen, mit diesen Spuren verdreckt war. Einer der Kollegen sagte: „Und nun schau mal zum Fenster hinaus!" Ich schaute zum Fenster hinaus, und was ich sah, brachte mein noch müdes Blut erheblich in Wallung. Auf dem Parkplatz stand ein Bus, und ich wusste, was das hieß: Eine Deputation einer Gemeinde war angereist, um die Ausbildungsstätte zu besichtigen. Der Eindruck, den das Haus zu hinterlassen hatte, musste kolossal sein; denn man erwartete Spenden und einen guten Ruf des Hauses. Ich hatte nur eine Chance: In der Regel besichtigten die Gemeindeglieder zuerst die Lehrgebäude und erst dann das Internat. Ich schlüpfte so schnell wie möglich in meine Kleider, holte Eimer und Lappen und begann meine Arbeit. Ich dachte: Dreck, der gerade weggeputzt wird, sieht immer noch besser aus als Dreck, der einfach so herumliegt. Ich konnte nur darum beten, dass die Gäste so lange im Lehrgebäude verweilten, wie ich brauchte, um die fünf Stockwerke Treppenhaus wenigstens einigermaßen zu reinigen. Beinahe schaffte ich es auch. Als ich unten auf dem letzten Treppenabsatz angekommen war – ich putzte von oben nach unten, auf die Idee, bei der Eingangstür zu beginnen, war mein schläfriger Geist nicht gekommen –, ging die Haustür auf, eine schnatternde Menschenmenge drängte herein, an vorderster Spitze der Seminardirektor. Er sah mich zunächst nicht, weil er den Gästen zugewandt war, und sagte: „Und nun, Schwestern und Brüder, sehen wir ..." Hier stockte *er, weil er mich mit meinem Putzeimer entdeckt hatte. Er fing sich aber sofort wieder und fuhr fort: „… Bruder Lüken, wie er ausgerechnet am Sonntagmorgen die Treppe putzt.“ In wenigen Worten erklärte ich, was geschehen war, und der Direktor schmunzelte. „Da kann ich nur sagen“, meinte er, halb mir, halb den Gästen zugewandt, „da feiern Sie einen Gottesdienst in echt lutherischem Sinne!“ Damit war für ihn die Sache erledigt und für die meisten Gäste auch. Nur der letzte Besucher hatte das wohl nicht so richtig mitbekommen und fragte mich in einem recht anzüglichen Ton: „Gehören Sie etwa auch zu diesem Haus?“ Ich nickte. Was aber an der Treppenhausreinigung echt lutherisch gewesen sein soll, das hat sich mir bis heute nicht erschlossen.*

Sogar eine so durch und durch ernsthafte gottesdienstliche Handlung wie das Abendmahl kann durchaus einmal ein erheiterndes Element erhalten.

Die Gemeindeglieder standen im Halbkreis vor dem Abendmahlstisch, und ich teilte das Brot aus. Da fing bei einem der Teilnehmer das Handy an zu läuten. Ich hatte äußerste Mühe, mein Zwerchfell zu beherrschen. Ich konnte nur innerlich stammeln: Herr Gott, lass mich jetzt nicht lachen! Das Gebet wurde erhört. Das Handy gehörte einem Arzt, der dann auch direkt nach dem Abendmahl in seine Klinik verschwinden musste. Das war der ernste Aspekt dieses mich so erheiternden Augenblicks.

Der Gottesdienst ist eine durch und durch friedliche Angelegenheit. Waffen haben darin nichts zu suchen. Auch Spielzeugpistolen sind nicht genehm. Sie symbolisieren genau die Welt der Gewalt, die der christliche Glaube verabscheut.

Beim Einsetzen der Orgel verschwand unser vierjähriger Sohn. Die Organistin hatte noch nicht zu Ende gespielt, da tauchte er wieder auf und schritt stolz vor der ganzen Gemeinde zu seinem Platz: verkleidet als Cowboy mit einem großen Schlapphut, einem Revolvergürtel und dem dazugehörigen Revolver – alles natürlich in Spielzeugausführung. Meine Frau sprang entsetzt auf, fasste den Jungen am Arm und führte ihn hinaus. Wenig später kamen beide zurück, der Junge nun ohne seine kriegerische Ausrüstung. Am Ende des Gottesdienstes stand er wie gewöhnlich neben mir und gab den hinausstrebenden Besuchern die Hand. Ein älterer Herr sprach ihn auf seine Verkleidung an und sagte mit hochgezogenen Augenbrauen: „Aber da kriegen wir doch Angst!" Der Junge grinste etwas schräg, sodass ich das Gefühl bekam, genau das sei seine Absicht gewesen. An seinem 30. Geburtstag erzählte ich diese Geschichte. Mein Sohn konnte sich noch genau daran erinnern. Und dann sah er mich ernst an und sagte: „Ich wollte niemandem Angst einjagen. Ich wollte euch beschützen!"

Ist dies der richtige Ort, um eine andere Geschichte mit dem Sohn eines Pfarrers zu berichten? Ein besserer fiel mir nicht ein. Ich weiß nicht mehr, wer es war; irgendjemand sagte einmal: Niemand setzt seine Kinder ungestraft dem Evangelium aus. Wie wahr diese Einsicht ist, bewies uns auch wieder unser Sohn.

Meine Frau war mit dem Jungen auf dem Spielplatz. Sie hatte sich wohl etwas zu lesen mitgebracht, auch war der Spielplatz sehr weitläufig, sodass sie ihren Sohn nicht ununterbrochen im Auge hatte. Plötzlich kamen Kinder zu ihr und sagten: „Dein Junge haut uns!" Tatsächlich, da kam er an, mit einem langen Stock in der Hand. Meine Frau zog ihm am Ohrläppchen und stellte ihn zur Rede. Er war ganz entrüstet und sagte: „Aber ich bin doch der Räuber!" – „Nun", antwortete meine Frau, „Räuber müssen bestraft werden und kommen ins Gefängnis. Wir gehen nach Hause, du gehst in dein Zimmer und kommst nicht eher wieder raus, als bis es dir leidtut." Es dauerte nicht lange, da kam er an und sagte: „Aber Papa hat doch in der Kinderkirche die Geschichte erzählt von dem Sam, ach, ich weiß nicht, wie der hieß, der dem armen Mann geholfen hat." So langsam dämmerte es uns. „Du meinst die Geschichte vom barmherzigen Samariter!" – „Ja, und die wollte ich nachspielen, wie in der Kinderkirche, und ich war eben der Räuber."

... NUR NICHT ÜBER ZWANZIG MINUTEN!

Du darfst über alles predigen, nur nicht über zwanzig Minuten! Diese Bemerkung wird allen Vikaren, Predigtamtskandidaten, Laienpredigern, Gemeindereferenten, Lektoren und Priestern nachdrücklich ins Stammbuch geschrieben. Nichts scheint so sehr zum Fürchten wie eine etwas längere Predigt. Ich gebe zu, viele Predigten sind auch danach. Doch warum eine interessante, gut formulierte Predigt schon nach so kurzer Zeit aufzuhören hat, leuchtet mir nicht ein. Jedenfalls gibt es auch darüber wahre und erfundene Geschichten. Die erste Anekdote ist wohl doch erfunden, wenn auch „ben trovato", gut erfunden.

Im Vatikan wurde ein Wettstreit ausgelobt, wer wohl die längste Predigt halten kann. Gewonnen hat ein Jesuit, der nach 15 Stunden Redezeit bei folgenden Worten von der Kanzel geholt wurde: „Und nun, meine lieben Mitbrüder, komme ich nach diesen kurzen einleitenden Worten zu meinem ersten Hauptteil."

Ob die folgende Geschichte so passiert ist, weiß ich nicht; ich weiß aber sehr wohl, dass sie so hätte passieren können:

In der Krummhörn, deren Skepsis in Bezug auf die Kirche schon weiter oben erwähnt wurde, war es Sitte, dem Pastor ein kleines Angebinde zu Weihnachten zu schenken. Das nahm man manchmal zum Anlass, ihm das eine oder andere sozusagen symbolisch unter die Nase zu reiben, wenn etwas der Gemeinde nicht passte. Der Pastor, um den es hier geht, war berühmt für die Länge seiner Predigten, die den wortkargen Ostfriesen erheblich über die Hutschnur ging. So bekam denn der Pastor zu Weihnachten ein Paket mit drei Aalen verschiedener Länge und einem Brief folgenden Inhalts: „Den langen Aal bekommt die Frau Pastorin" (gemeint war: die Frau des Pastors), „weil sie schon so lange

Geduld mit Herrn Pastor hat. Den mittleren bekommt das Fräulein Tochter, weil sie noch von mittlerer Größe ist. Den kleinsten bekommt der Herr Pastor selbst, damit er an dessen Länge die Länge seiner zukünftigen Predigten bemessen möge." Ob diese nahrhafte Ermahnung genützt hat, weiß ich nicht.

Ergänzend gebe ich wieder ein kleines Erlebnis preis, das ich während meiner Zeit als Organist in der reformierten Kirche in Leer erlebte.

Im Rahmen eines ökumenischen Kanzeltausches, bei dem zwar nicht die Kanzeln, wohl aber die Prediger getauscht wurden, sprach in meiner Gemeinde der Pastor der Mennonitenkirche. Weil ich auch dort viele Organistendienste absolviert hatte, kannte ich ihn und wusste, was mich erwartete. Der Theologe war nämlich gelernter Germanist. Er pflegte in seinen Predigten ein Gedicht zu zitieren und darüber zu predigen. Weil es nicht immer so einfach ist, von einem Gedicht auf einen theologischen Lehrsatz zu kommen, zeichneten sich seine Predigten nicht nur durch ausgewiesene Intellektualität aus, sondern auch durch eine ungewöhnliche Länge. Es war immer interessant, was er sagte, aber eben lang. Neben meiner Orgel saßen ein paar junge Bläser, die mit ihrer Musik den Gottesdienst bereichert hatten. Als nun der Prediger an kein Ende kam, nahmen sie ihre Armbanduhren ab und wedelten mit ihnen in Richtung Kanzel. Auf diese Weise wollten sie den Prediger daran erinnern, dass eine Predigt rechtzeitig zu ihrem Ende kommen muss. Dieser sah das zuerst nicht; aber dann richtete er seinen Blick doch zur Orgelempore. Er stockte kurz, als er zehn Armbanduhren in pendelnder Bewegung sah, lächelte und predigte unbeeindruckt weiter, bis er mit seinem anspruchsvollen Thema fertig war.

Ein Original besonderer Prägung war der sogenannte Ostfriesenapostel Franz Klüsner (1837–1916). Er war ein Reiseprediger der Methodistenkirche und wirkte besonders segensreich in Neuschoo. Die dort von ihm gegründete Gemeinde erfreut sich immer noch großer geistlicher Lebendigkeit. Von den umlaufenden Anekdoten sei hier wenigstens eine erwähnt.

Im 19. Jahrhundert war es üblich, dass die Methodisten sich sonntags wenigstens zweimal zum Gottesdienst trafen, vormittags und zumeist um 14.00 Uhr, also zu einer Zeit, in der andere ihren Mittagsschlaf hielten. Diese Gottesdienstzeit war aus Rücksicht auf die Viehbauern gewählt worden, die rechtzeitig auf ihren Hof zurückkehren mussten, um die Kühe zu melken. Mit der Aufmerksamkeit war es um diese Uhrzeit nicht immer zum besten bestellt; und wenn die Augusthitze, die es bisweilen auch in Ostfriesland gibt, mit der Müdigkeit einherging, die zum Beispiel der Einsatz in der Ernte mit sich brachte, konnte es zuweilen geschehen, dass der eine oder andere Gottesdienstbesucher einschlief. So auch an diesem Nachmittag, von dem hier die Rede ist. Ja, wegen der drückenden Schwüle war die Neigung zum Kirchenschlaf so unwiderstehlich, dass bald die ganze Gemeinde dahindämmerte. Klüsner, der das während seiner Predigt natürlich bemerkte, tat

das Seine hinzu und predigte immer leiser und monotoner, bis auch der letzte durch ein seliges Schnarchen verriet, dass er in tiefen Schlaf gefallen war. Nun straffte sich Klüsner und rief mit Stentorstimme: „Es brennt, es brennt!" Im Nu waren alle Köpfe wieder oben, und die Leute fragten entsetzt: „Wo? Wo?" Die Antwort von Klüsner ist in zwei Versionen überliefert. In der ersten antwortete er: „In der Hölle!", in der zweiten, mir wesentlich sympathischeren: „In den Herzen der Gläubigen!" Jedenfalls war er von da an der Aufmerksamkeit seiner Zuhörer sicher.

Den Witz, der nun zur Erzählung drängt, bringe ich seit etwa 45 Jahren, und immer wieder denke ich: Den kannst du nicht erzählen, der ist frauenfeindlich. Ich erzähle ihn aber trotzdem, und der Erfolg ist ausnahmslos durchschlagend, auch bei Frauen. Welche trübseligen Erlebnisse für dieses Gelächter verantwortlich sein mögen, hat sich mir noch nicht erschlossen.

Ein Pfarrer kommt neu in eine Gemeinde. Die Kirche ist voll besetzt, jeder will wissen, wer ihnen denn nun künftig das Evangelium verkünden wird. Die Liturgie ist beendet, der Pastor besteigt die Kanzel, fängt an zu predigen. Er predigt eine Minute, zwei Minuten – Amen! Die Gemeinde ist konsterniert. So eine kurze Predigt hat noch niemand gehalten! Das muss weiter verfolgt werden. Am nächsten Sonntag ist die Kirche wieder voll. Der Pfarrer predigt, eine Minute, zwei Minuten, drei Minuten, nein, noch nicht ganz: Amen! Überaus merkwürdig das Ganze. Aber es hat natürlich auch etwas für sich, so eine kurze Vermahnung. Am dritten Sonntag sind sie alle wieder da, die Kirche ist bis auf den letzten Platz besetzt. Der Pfarrer beginnt seine Predigt, eine Minute, zwei Minuten, drei Minuten, fünf Minuten, ein Viertelstunde, ein halbe Stunde – endlich, nach zweieinhalb Stunden kommt das erlösende Amen. Das ist dem Kirchenvorstand nun doch nicht geheuer, und am Dienstag drauf – der Montag ist ja Pfarrers Sonntag – stehen sie bei ihm in seinem Dienstzimmer und fragen, was das wohl zu bedeuten hätte: am ersten Sonntag zwei Minuten, am zweiten zweieinhalb und dann gleich zweieinhalb Stunden! Das sei doch höchst ungewöhnlich und nicht hinnehmbar. „Ihr habt ja Recht", antwortet der

Pfarrer, „aber ihr müsst verstehen: Am ersten Sonntag hatte ich solche Zahnschmerzen, da konnte ich einfach nicht länger als zwei Minuten predigen. In der Woche drauf zog mir der Zahnarzt sämtliche Zähne; und am Sonntag war der Zahnersatz noch nicht fertig. Da habe ich mich so geschämt, zahnlos vor euch stehen zu müssen, da konnte ich nicht länger als zweieinhalb Minuten predigen. Am dritten Sonntag war das neue Gebiss immer noch nicht fertig. Da wollte ich nicht schon wieder ohne Zähne predigen und habe das Gebiss meiner Frau reingetan. Und das, einmal in Bewegung gesetzt, habe ich nicht wieder zum Stillstand gebracht!"

DIE SÜNDE UND DER SÜNDER

Der christliche Glaube nimmt die Menschen so, wie sie sind. Um es mit dem Apostel Paulus zu sagen: „Sie sind allesamt Sünder und ermangeln des Ruhmes, den sie bei Gott haben sollten, und werden ohne Verdienst gerecht aus seiner Gnade durch die Erlösung, die durch Christus Jesus geschehen ist" (Römer 3,23.24). Bevor an eine Erlösung auch nur gedacht werden kann, muss der Mensch also erkennen, dass er überhaupt der Erlösung bedürftig ist. Aber durch diese Erkenntnis hindurch strahlt die Gnade, die im gekreuzigten und auferstandenen Herrn Jesus Christus begründet ist. Dem Bekenntnis der Sünde und der entsprechenden Bitte folgt die Vergebung.

Der Religionslehrer fragt: „Was muss man tun, um Vergebung der Sünden zu erlangen?" Fritzchen antwortet: „Erst mal sündigen!"

Das erinnert doch sehr an einen Ausspruch Martin Luthers: „Esto peccator et pecca fortiter, sed fortius fide et gaude in Christo, qui victor est peccati, mortis et mundi!" Auf Deutsch: „Sei ein Sünder und sündige kräftig, aber vertraue noch stärker und freue dich in Christus, welcher der Sieger ist über die Sünde, den Tod und die Welt!" Das schrieb der Reformator 1521 an Philipp Melanchthon.

Der wortkarge Ehemann kommt am Sonntagmorgen aus dem Gottesdienst nach Hause. Seine Frau steht am Herd und kocht das Mittagessen. „Na", fragt sie, „worüber hat der Pfarrer gepredigt?" Antwort: „Über die Sünde." – „Und was hat er darüber gesagt?" – „Er war dagegen."

Die nun folgende Geschichte liest sich wie ein Witz. Sie ist mir jedoch wortwörtlich so passiert und handelt von einem Sünder der besonderen Art.

Eine Besucherin des Gemeindenachmittages rief mich aus dem Saal ins Foyer. Da wolle mich jemand sprechen. Richtig, da stand ein Mann, der mir irgendwie bekannt vorkam. „Herr Pfarrer", begann er, und bei mir fiel der Groschen. So fangen sie nämlich immer an, wenn sie eine geldliche Zuwendung vom Pfarrer haben wollen. Der Mann fuhr fort: „Wissen Sie, mein Vater ist gestern gestorben, und ich komme jetzt nicht an mein Konto heran und brauche dringend etwas Geld für die Kosten und so weiter. Können Sie mir nicht etwas leihen? Bis Montag?" Ich sagte: „Was, schon wieder?" Er war irritiert. „Wieso, schon wieder?" Ich sagte: „Ist denn Ihr Vater schon wieder gestorben? Sie waren vor zwei Monaten schon einmal bei mir mit derselben Geschichte." Er holte tief Atem, zögerte ein paar Augenblicke und hatte eine Antwort parat: „Nein, das kann nicht sein. Das muss mein Bruder gewesen sein."

Meine Damen machten ihm dann ein Paket mit Kuchenresten fertig. Ich habe nicht kontrolliert, ob es vielleicht im nächsten Abfallbehälter gelandet ist – das ist mir nämlich auch schon passiert.

DIE BEICHTE

Es ist zu bedauern, dass in den evangelischen Kirchen die Beichte so überaus wenig gepflegt wird. In meiner 40jährigen Dienstzeit habe ich gerade dreimal die Beichte abgenommen. Ich habe selten einmal so strahlende Augen gesehen wie damals, als eine alte Dame eine alte Schuld beichtete und ich ihr die Vergebung ihrer Sünde verkündigen durfte. Die Beichte ist eine völlig unterschätzte Kostbarkeit des christlichen Glaubens. Da ist die Katholische Kirche sicherlich im Vorteil. Was immer aber in der Beichte auch geschehen mag, auch hier gibt es manchmal Anlass zum Lächeln und zum Lachen. Natürlich fällt das alles unter das Beichtgeheimnis; aber auch das wird manchmal unbeabsichtigt durchlöchert.

Der katholische Pfarrer erholt sich am Samstagabend bei einer zünftigen Maß im Wirtshaus seiner Gemeinde. Er ist aber höchst unzufrieden mit seinen Gläubigen und seufzt für alle gut hörbar: „Die Sitten werden immer schlimmer. Gerade heute habe ich schon bei der ersten Beichte einen schweren Ehebruch hören müssen." Da kommt die Wirtin, die das nicht gehört hatte, aus der Küche in die Gaststube. „Ach, sieh da, der Herr Pfarrer!", ruft sie aus. „Na, mit mir werden Sie doch zufrieden sein. Immerhin war ich heute die erste bei der Beichte." Das aufbrandende Gelächter verstand sie nicht.

Dass auch die Beichte gelernt sein will, erfuhr ein Vikar auf der Schwäbischen Alb.

In einer Dorfkirche gibt es zwei Beichtstühle. Einen hat der Pfarrer besetzt, den anderen sein Vikar, der dort zum ersten Mal in seinem Leben die Beichte abnehmen darf. Ein drahtiger älterer Mann beichtet ihm, er habe ein Reh gewildert. Damit kann der Vikar nun gar nichts anfangen; diese Missetat sieht der Beichtspiegel nicht vor, und er weiß nicht, welche Buße er ihm auferlegen soll. Er beugt sich aus seinem Beichtstuhl und fragt: „Herr Pfarrer, da ist ein Wilddieb, der hat ein Reh gewildert; was soll ich dem denn geben?" Der Pfarrer ruft zurück: „Einen Euro pro Pfund, mehr geb ich auch nicht!"

Auch die Hochburg des Karnevals, das Rheinland, kennt seine Beichtgeschichten, das versteht sich von selbst. Die folgende ist nur als kleine Kostprobe gedacht.

Tünnes sagt zu Schäl: „Komm, wir gehn mal beichten." Schäl sagt: „Gern, aber dich spricht der Pfaffe ja doch nicht los." – „Was, mich soll er nicht lossprechen? Das werden wir ja sehen." Hält Schäl die Hand auf und sagt: „Wolle mer wetten?" – „Klar, um ne Pulle Schabau (Schnaps)." Gut, die Wette wird geschlossen, und Schäl geht als erster zur Beichte. Nach seiner Lossprechung schließt der Pfarrer das Kläppchen hinter dem Gitter und Schäl spritzt aus seinem Flachmann ein wenig Schnaps auf das Gitter. Nun kommt Tünnes in den Beichtstuhl. Der Pfarrer öffnet das Kläppchen, schnuppert und sagt: „Nä, mein Lieber, so jeht et nich. Wenn de wieder nüchtern bess, kannste wieder kommen." Bedröppelt schleicht sich Tünnes aus dem Beichtstuhl. „Na?", fragt Schäl, „hat er dich nun losgesprochen?" – „Nä", sagt Tünnes, „aber von dem wollt ich auch gar nicht losgesprochen werden. Der stank ja richtig nach Schnaps!" Die verwettete Flasche haben sie dann zusammen auf den Pfarrer geleert.

Ein Pfarrer machte die Bemerkung: „Dieses Jahr ist Karneval aber spät. Erst am 15. März." Da meint sein Gesprächspartner: „Nein, da ist doch schon Aschermittwoch!" – „Nein, nein", meint der Pfarrer, „für mich fängt dann der Karneval erst an. Dann kommen sie nämlich alle an und beichten ihre Karnevalssünden." Beichte, das ist die Möglichkeit, Vergebung zu erlangen und ein neues Leben zu empfangen. So ist die Beichte auch gedacht. Aber manche halten es damit wie das Kind in einem katholischen Dorf in der Metzgerei.

Die Verkäuferin legt die obligatorische Wurstscheibe für das Kind auf das Fleischpäckchen. Dann fällt ihr ein, was für ein Wochentag es ist, und sie sagt: „Ach nein, Entschuldigung, heute ist ja Freitag" und will die Wurstscheibe zurücknehmen. Blitzschnell ergreift das Kind die Wurstscheibe und sagt: „Her damit, ich kann's ja nachher beichten."

Da ist die Beichte sicherlich missverstanden als zukünftiger Freibrief für gegenwärtige Sünden.

DAS GEBET

In manchen Freikirchen gibt es die sogenannte Gebetsgemeinschaft während des Gottesdienstes; das heißt, jeder, der sich dazu gedrängt fühlt, kann ein Gebet sprechen. Die Gebete sind grundsätzlich von jeder Kritik ausgenommen; da hört der Spaß auf. Trotzdem gibt es auch hier manchmal eine Situation, die zwar kein Gelächter hervorbringt, aber doch ein wissendes Schmunzeln.

Ein Mann ergreift während einer Gebetsgemeinschaft immer wieder das Wort, schildert seine schwierige finanzielle Situation und betet wortreich um eine finanzielle Unterstützung. Er tut das laut und anhaltend. Schließlich wird es dem Mann neben ihm zu viel. Er zückt sein Portemonnaie, entnimmt ihm zwei 50-Euro-Scheine und sagt: „So, da hast du deine Unterstützung! Und nun verschwinde und lenke mir Ihn nicht dauernd ab!" Und das Gebet um finanzielle Unterstützung ist erhört ...

In Gemeinden, die besonders emotional auf die Gegenwart des Heiligen Geistes reagieren, kann es gelegentlich sehr laut werden. Manche Christen scheinen Intensität mit Lautstärke zu verwechseln. Dabei muss völlig klar sein, dass es bisweilen eine Situation gibt, die nur mit lauter Klage und dem hilfesuchenden Schrei zu bewältigen ist. Das aber kann die anderen Beter empfindlich stören.

Ein Beter klagt vor Gott laut sein Leid. Dabei steigert er sich in immer höhere Lautstärke. Da stößt ihn sein Banknachbar in die Seite und sagt: „Mit Geschrei wirst du hier nichts ausrichten!" Der Beter hört auf damit, aber dann fängt er an zu weinen. Auch das noch! Sein Banknachbar flüstert ihm ins Ohr: „Warum weinst du denn jetzt?" Der Weinende antwortet: „Wenn ich schon nicht schreien darf ...!

Aber unter uns: Ich weiß ja nicht, ob es Gott wirklich gibt. Wenn es ihn gibt, haben wir da nicht alle genug Gründe, vor ihm zu weinen und zu klagen?" Dem Fragesteller wird es ungemütlich, und er fragt zurück: „Und wenn es ihn nicht gibt, was dann?" Der andere: „Haben wir dann nicht erst recht Grund genug zu weinen und zu klagen?"

Diese Anekdoten sind schon keine Witze mehr, sondern enthalten die Theologie des Gebets in einer Nussschale. Man kann sicherlich an Gott zweifeln, und die Zweifel sind auch für den Christen durchaus erlaubt und müssen nicht unterdrückt werden. Gott ist stark genug, um die Zweifel zu überwinden. Wir können aber sehr wohl um Stärkung unseres Glaubens beten; und ich habe selbst erfahren, dass dieses Gebet erhört wurde. Es ist immer noch besser, man kann seine Not in das göttliche Ohr schreien, als wenn es keinen Gott gäbe und unser Gebet ungehört im Kosmos verhallte. Das zeigt dieser letzte Witz mit lakonischer Kürze.

Das Gebet gehört aber auch zur privaten Frömmigkeit und ist für den Glauben so wichtig wie die Nahrung und die Luft für den Körper. Entsprechend verbreitet ist die Praxis des Gebetes. Ich habe noch nie jemand während des Gebetes lachen gehört; aber manchmal gibt es doch Gelegenheiten wenigstens zum Lächeln. Dieses Lächeln kann durchaus heilsam sein.

Das Gebet war lang und intensiv. Plötzlich aber hält der Beter inne und fragt: „Wir sind doch zu zweit. Warum rede eigentlich immer nur ich?" Da antwortet Gott: „Vielleicht, weil nur ich zuhöre."

Vielleicht ist das wirklich die Crux des modernen Menschen, dass er nicht mehr zuhören kann; und vielleicht wäre die Gebetspraxis eine andere, wenn wir Gott auch einmal zu Wort kommen ließen. Das Zeugnis des Heiligen Geistes, dass Gott gegenwärtig ist, kann uns nur erreichen, wenn wir still werden, so wie es ein altes Kirchenlied einmal formulierte: „Nur an einer stillen Stelle legt Gott seinen Anker an."

Ein frommer alter Mann geht durch die Wüste und schleppt einen großen Sack mit sich. Er ist müde, hungrig und durstig und sehnt sich danach, endlich zu seiner Oase zu gelangen. Da entringt sich seiner Brust ein Stoßseufzer, und er betet: „Lieber Gott, gib mir doch einen Esel zum Tragen!" Da nähert sich schweren Schrittes eine trächtige Eselin, begleitet von einem Mann, der an seinem Turban als Herrscher kenntlich ist. Vor den Füßen des einsamen Wanderers wirft die Eselin ein Junges. Der Herrscher sieht den alten Mann und herrscht ihn an: „Du da, trag du mir das Eseljunge nach." Was blieb ihm übrig als zu gehorchen? Er nahm den neugeborenen Esel auf den Arm und seufzte: „Lieber Gott, ich danke dir auch, dass du mein Gebet um einen Esel zum Tragen so schnell erhört hast. Aber ich glaube, ich sollte mich das nächste Mal etwas deutlicher ausdrücken ..."

Das Gebet kann gar nicht konkret genug sein. Geistvolle Formulierungen, steile Gebetslyrik, mystische Gefühlswolken gibt es vor Gottes Thron auch ohne uns genug. Ein Laienprediger, von Beruf Bauer, drückte das bei einem Missionsnachmittag in Delmenhorst so aus: „Und wenn das Kalb krank ist, dürfen wir das auch dem himmlischen Vater sagen!" Nebenbei bemerkt: Dieser Gottesdienst ist etwa 45 Jahre her, ich weiß von all den guten Worten, die dort gesprochen wurden, nicht ein einziges mehr; nur diesen einen unübertrefflich konkreten Satz habe ich nicht vergessen.

In diese Rubrik gehört auch die Geschichte von dem Busfahrer und dem Pfarrer.

Ein Busfahrer und ein Pfarrer erscheinen gleichzeitig an der Himmelstür. Der Busfahrer wird gleich hereingelassen, aber der Pfarrer wird abgewiesen. Darüber erbost beklagt er sich bitter beim himmlischen Torwächter. „Was willst du?", fragt ihn dieser. „Wenn du gearbeitet hast, haben die Leute geschlafen, wenn der Busfahrer gearbeitet hat, haben sie gebetet."

Doch nicht nur ein Busfahrer, auch ein Pfarrer kann gefährlich ins Schleudern kommen, nämlich dann, wenn er beim Predigen die Kurven seiner theologischen Landschaft zu schnittig nimmt. Nur merkt das die Gemeinde nicht, weil sie ihn nicht versteht. Das ist kein Fehler der Gemeinde, sondern des Pfarrers. Er hat seine Arbeit schlecht getan, wenn er sich nicht verständlich machen kann. Die Arbeit des Busfahrers hingegen kann jeder verfolgen; und wie sehr der Fahrgast darüber ins Beten kommen kann, habe ich auf Malta erlebt.

Malta war lange Zeit englische Kolonie. Das hatte zur Folge, dass die Engländer ihre ausgedienten Busse nach Malta exportierten. Heute ist der Inselstaat ein Eldorado für Liebhaber von Oldtimern. Die Busse sind genauso alt wie die Straßen, mindestens 60 Jahre. Auch die Busfahrer sind oft nicht viel jünger. Sie sind daher sehr erfahren. Das sieht so aus: Mit der rechten Hand rauchen sie eine Zigarette, mit der linken Hand zählen sie das Kleingeld, mit den Knien halten sie das Steuer und mit dem rechten Fuß halten sie das Gaspedal durchgedrückt. Es ist wahrlich nicht verwunderlich, dass in vielen maltesischen Bussen vorne über der Windschutzscheibe ein Schild hängt mit der Aufschrift: „In God We Trust" – „Wir vertrauen auf Gott". Dazu hatten wir allen Grund, und wir taten es auch; aber wir vertrauten auch darauf, dass der Busfahrer sich selbst heil nach Hause bringen wollte.

Dass man Gebetsworte auch magisch missverstehen kann, erzählt folgender Witz aus der jüdischen Gemeinde:

Eine Frau kommt zum Rabbi und bittet ihn um Hilfe. Ihr Kind hat einen scheinbar unheilbaren Durchfall. Der Rabbi empfiehlt der Frau, Tehillim zu sagen, also Psalmen zu beten. Tags darauf kommt sie glücklich zum Rabbi. Das Psalmgebet hat geholfen. Aber vierzehn Tage später leidet das Kind an der entgegengesetzten Krankheit, an Verstopfung. Wieder geht die Frau zum Rabbi und bittet um Hilfe. Der Rabbi empfiehlt wieder: „Sag Tehillim!" Da schaut sie ihn entgeistert an und sagt: „Aber Rabbi, Tehillim stopfen doch!"

Vor einem magischen Missverständnis des Gebetes warnt auch die Geschichte mit dem Pfarrer und das Pferd.

Der Pfarrer möchte sich ein Pferd kaufen und findet sich beim führenden Pferdehändler des Ortes ein. Ein frommes Tier soll es sein. Der

Pferdehändler hat auch sofort das richtige Tier bei der Hand. Er sagt zum Pfarrer: „Wenn Sie sagen: „Gott sei Dank", braust das Tier los; wenn es anhalten soll, sagen Sie einfach „Amen". Der Pfarrer ist begeistert. Er kauft Pferd mitsamt Sattel und reitet davon. Weil er aber doch nicht so richtig reiten kann, verfällt das Pferd in den Galopp. Der Pfarrer hat vergessen, wie er es zum Stillstand bringen kann und hilft sich in seiner Not mit einem kurzen Stoßgebet und schließt laut mit „Amen". Das Pferd bleibt auf der Stelle stehen, einen halben Meter vor einem Abgrund. Da sagt der Pfarrer: „Gott sei Dank!" …

Das erinnert mich an eine andere Anekdote, die wiederum den Vorteil hat, dass sie zumindest wahr sein könnte, auf jeden Fall sehr nachdenkenswert ist.

John Wesley (1703–1791), der Gründer des Methodismus, ist mit einem seiner Laienbrüder zu Pferde unterwegs. Sie unterhalten sich über das Gebet, und John Wesley beklagt sich, dass er das Vaterunser kaum beten könne, ohne mit den Gedanken abzuschweifen. Da brüstet sich der andere und meint, das bereite ihm nun überhaupt keine Schwierigkeiten. John Wesley bleibt skeptisch und regt an, die Probe aufs Exempel zu machen. Sie sollten beide für sich das Vaterunser beten; und wenn der Laienbruder tatsächlich nicht abgeschweift sei, solle er das Pferd des Geistlichen zum Geschenk erhalten. Gesagt, getan, sie steigen ab und versenken sich in das Gebet. Als sie fertig sind, fragt Wesley: „Nun? Wie sieht es aus?" Der andere gibt zerknirscht zu: „Zuerst ging es ganz gut, aber bei der sechsten Bitte habe ich gedacht: Ob er wohl den Sattel mitgemeint hat?" Wesley konnte sein Pferd behalten.

Schon Abraham a Sancta Clara alias Ulrich Megerle (1644–1709), berühmter Wiener Prediger, beklagte sich wortreich, dass die meisten Beter des Vaterunsers mehr an ihre Geschäfte als an das Gebet dächten. Die Frage ist nur: Woher wusste Abraham a Sancta Clara das? Schloss er vielleicht doch von sich auf andere? Martin Luther (1483–1546) jedenfalls geißelte auch das gedankenlose Herplappern des Gebetes des Herrn:

„Das Unser Vater ist der größte Märtyrer auf Erden. Es ist ein Jammer, dass ein solches Gebet, so ihre Andacht zerplappert und zerklappert werden soll in aller Welt. Viele beten in einem Jahr vielleicht tausend Vater Unser und wenn sie tausend Jahre so beten würden, so hätten sie doch noch keinen Buchstaben davon verschmeckt. "

Das Vaterunser ist nicht das einzige vorformulierte Gebet. Das Gesangbuch der Evangelischen Kirche enthält viele Gebete, die zum Nachsprechen ermutigen sollen: das Morgengebet, das Tischgebet, das Nachtgebet, das Gebet um Genesung und so weiter. Das stößt nicht immer auf Zustimmung.

Bei einer ökumenischen Tagung sitzen zufällig ein Methodist, ein Baptist, ein Pastor der Freien evangelischen Gemeinde und ein Lutheraner beim Mittagessen zusammen an einem Tisch. Bevor die Speisen aufgetragen werden, liest der Tagungsleiter das Tischgebet Martin Luthers. Daraus entspinnt sich ein Gespräch über das Gebet. Der Methodist sagt: „So ein abgelesenes Gebet ist doch gar kein richtiges Gebet. Man kann doch nicht lesen und beten zugleich. " Die beiden anderen Freikirchler nicken beifällig. Der Lutheraner fragt: „Und wie macht ihr das?" Der Baptist antwortet: „Wir beten frei. Wir denken beim Beten darüber nach, was wir beten sollen, und das beten wir dann." Der Lutheraner gibt zu bedenken: „So ein freies Gebet ist doch gar kein richtiges Gebet. Man kann doch nicht nachdenken und beten zugleich!" Das lassen die Freikirchler nicht gelten und widersprechen, ein Disput entsteht, bis der Lutheraner Gott zum Zeugen dafür aufruft, dass seine abgelesenen Gebete richtige Gebete sind. Da verfinstert sich der Himmel, es donnert. Der Lutheraner strahlt und sagt: „Da habt Ihr das Zeichen. Gott selbst gibt mir offenbar Recht!" Betretenes Schweigen des Pastors der Freien evangelischen Gemeinde, niedergeschlagene Augen des Baptisten. Da ergreift der Methodist das Wort und sagt: „Schön und gut. Die Sache ist also entschieden. Der von der Freien Gemeinde, der Baptist und ich haben zusammen drei Stimmen, du hast eine Stimme und Gott hat auch eine Stimme, das ist eine Mehrheit von drei zu zwei für das freie Gebet. "

Wäre ein Jude bei dem Gespräch zugegen gewesen, hätte er vielleicht gesagt: „Ihr habt alle unrecht." Wieso, geht aus folgender Geschichte hervor:

Ein Jude in Kowno sieht schlecht und geht zum Augenarzt. Dieser will ihn Zahlen und Buchstaben ablesen lassen, wie man das so macht, wenn man die Sehkraft untersuchen will. Aber der Patient kennt weder die russischen noch die lateinischen Buchstaben, sodass der Augenarzt zunächst nicht weiß, wie er die Untersuchung bewerkstelligen soll. Dann kommt ihm die rettende Idee. Auch der Arzt ist Jude; und er holt ein jüdisches Gebetbuch, öffnet es und hält es dem Patienten vor. Der Patient beginnt zu lesen; währenddessen geht der Augenarzt langsam zurück und vergrößert so die Entfernung zwischen dem Buch und dem Patienten. Aber der Patient liest ohne zu stocken weiter. Schließlich ist der Arzt in einer Ecke seiner Praxis angelangt, schlägt das Buch zu und sagt: „Aber Sie haben doch ein brillantes Sehvermögen!" Darauf antwortet der Patient: „Was hat das damit zu tun? Welcher Jude kennt diese Texte nicht auswendig?!"

„Wenn man betet", hätte der Jude also sagen können, „denkt man nicht nach und man liest auch nicht. Man kennt die Gebete auswendig!" Womit wir wieder beim Vaterunser wären …

Eine besondere Form des Gebetes ist das Rosenkranzgebet. Man kennt natürlich alle Gebete auswendig: Vaterunser, Ave Maria, die verschiedenen Geheimnisse aus dem Leben Jesu. Damit man bei den vielen Wiederholungen nicht durcheinander kommt, bedient man sich des Rosenkranzes, einer Kette, die mit Hilfe eines Kreuzes und verschieden großer Perlen die Abfolge der Gebete vorgibt. Nicht jedem freilich erschließt sich der Ernst des Rosenkranzes.

Franz hat den Rosenkranz seiner Mutter gefunden und spielt nun damit herum. Er lässt die Kette schwungvoll um seinen Zeigefinger kreisen. Das sieht der Pfarrer des Dorfes, und er sagt: „Fränzchen, sowas tut man nicht. Weißt du nicht, dass auf jeder Perle ein Heiliger sitzt?" Eilig stopft Franz den Rosenkranz in seine Hosentasche. Der Pfarrer verschwindet um die Ecke, Franz holt die Kette wieder hervor, sagt:

*„Achtung, meine Herren, es geht wieder rund!" Und lässt sie schwung-
voll wieder kreisen.*

Mit der Erhörung der Gebete ist das so eine Sache. Manche Christen glauben, mit Hilfe bestimmter Gebetstechniken ließe sich die Erhörung erzwin-
gen. Sie interpretieren dabei entsprechende Bibelstellen. Die Enttäuschung
ist dann oft groß, wenn die Erhörung nicht eintrifft. Zu bedenken ist bei
dieser Gebetspraxis, dass sich der Beter leicht an die Stelle Gottes setzen
kann, und das ist extrem unbiblisch. Es muss immer eindeutig klar bleiben:
der Souverän ist nicht der Beter, sondern Gott. Er entscheidet, ob er den
Wünschen des Beters nachkommen will oder nicht. In diesem Zusammenhang ist die Bitte des Vaterunsers aufschlussreich: „Dein Wille geschehe!"
Das ist dann auch die entscheidende Bitte, der Durchbruch, als Jesus im
Garten Gethsemane um seinen Weg an das Kreuz ringt: „Nicht mein Wille,
dein Wille geschehe!"

In der folgenden kleinen Geschichte geht es um zeitliche Verzögerung
und … Aber lesen Sie selbst!

*Fritzchen möchte so gern reich sein. Und so wendet er sich an Gott
selbst, traut sich aber nicht, mit seinem Begehren einfach loszuplatzen.
So fühlt er ein wenig vor und sagt: „Lieber Gott, es stimmt doch, ein
Augenblick ist für dich eine Million Jahre, nicht wahr?" Wider Erwarten bekommt er sogar eine Antwort: „Ja, Fritzchen, ein Augenblick bei
mir ist eine Million Jahre bei euch." Fritzchen fühlt weiter vor: „Eine
Million Euro sind dann für dich nur ein Cent, nicht wahr?" Wieder
antwortet Gott: „Ja, mein Junge, eine Million Euro bei euch ist ein
Cent bei mir." Fritzchen rückt jetzt mit seinem Anliegen heraus: „Och,
lieber Gott, dann gib mir doch einen Cent!" – „Gern", sagt der liebe
Gott, „wart einen Augenblick!"*

Ob Gebete wirklich erhört werden oder „nur" die innere Ausrichtung auf
den Willen Gottes bewirken, darüber gehen die Meinungen auseinander.
Eine biblisch verantwortete Gebetstheologie wird bei aller Nüchternheit
nicht umhin kommen, Gebetserhörungen zuzugeben.

Weinend kommt Bettina zu ihrem Vater. Auf dem Kirschbaum sitzt ein kleines Kätzchen und traut sich nicht herunter. Der Vater, ein wohlmeinender Pfarrer, schaut sich die Sache an. Das wird schwierig, denn hinaufklettern kann er nicht; dafür ist der Stamm des Bäumchens zu schwach. Aber er hat eine Idee. Er holt seinen alten VW-Käfer aus der Garage, bittet seine Frau um die Wäscheleine und bindet den Stamm des Bäumchens, so hoch er eben hinaufreicht, an die Stoßstange seines Wagens. Wenn er jetzt ein paar Meter vorfährt, müsste sich das Bäumchen so weit biegen, dass er das Kätzchen herunterholen kann – wenn es nicht gar von selber hinabspringt. Also fährt der Pfarrer ein paar Meter vor. Da platzt der Knoten an der Wäscheleine, und das Bäumchen schnellt in seine normale Gestalt zurück. Vom Schwung des Bäumchens mitgerissen fliegt das Kätzchen in hohem Bogen in Nachbars Garten. So hatten sich der Pfarrer und seine Tochter das nicht vorgestellt, aber dem Kätzchen war geholfen. Am nächste Vormittag geht die Frau des Pfarrers zum Einkaufen in den Supermarkt. Dort wird sie von der Nachbarin angesprochen: „Stellen Sie sich vor, was uns passiert ist! Wir hatten unserer kleinen Tochter Lena zum Geburtstag ein kleines Kätzchen besorgt. Und nun war es weg, einfach verschwunden. Lena hat das ganze Haus nach ihm abgesucht. Dann ging sie in den Garten, um es dort zu suchen. Aber sie fand es nicht. Weinend setzte sie sich auf die Gartenbank. Ich sagte: „Lena, weine doch nicht! Lass uns darum beten, dass Gott uns das Kätzchen zurückbringt." Sie faltete die Hände und betete: „Lieber Gott, gib mir doch mein Kätzchen zurück!" Und ob Sie's glauben oder nicht, genau in diesem Augenblick kam das Kätzchen durch die Luft geflogen und fiel unserer Lena direkt in den Schoß. Ich muss Ihnen sagen, so eine Stärkung unseres Glaubens haben wir noch nie erlebt!"

Gottes Wege sind manchmal seltsam, und nicht immer müssen ein Pfarrer, eine Pfarrerstochter, ein VW und eine schlecht geknotete Wäscheleine zusammenwirken, um das Gebet eines Kindes zu erhören. Manchmal genügt auch eine unerwartete Wetterlage.

Das Wetter war alles andere als weihnachtlich. Dunkel hingen die Wol-
ken am Heiligen Abend von einem trüben Himmel herunter. Weiße
Weihnacht war laut Wetterbericht in diesem Jahr nicht vorgesehen.
Nach der Christvesper erfolgte die Bescherung, ebenso das Weihnachts-
mahl. Als die Mutter das Geschirr abtrug, schaute der Vater ganz ab-
sichtslos zum Fenster und sprang wie elektrisiert auf. „Kinder", rief
er, „Anna (das war die Mutter), zieht euch an, wir gehen hinaus. Es
schneit!" So war es. In dicken, satten Flocken fiel der Schnee vom Him-
mel. Die ganze Familie, Vater, Mutter, Sohn und Tochter, marschier-
te zu einer etwas abschüssigen Wiese und zog den Familienschlitten
hinter sich her. Eine Rodelpartie und eine Schneeballschlacht waren
angesagt. Länger als eine Stunde tobten sie jubelnd im Schnee herum.
Am nächsten Morgen war die ganze weiße Pracht dahingeschmolzen.
Beim Frühstück meinte der Vater: „Das war doch schön, dass es ausge-
rechnet am Heiligen Abend schneite." Die Tochter aber warf ein: „Das
hat mich gar nicht gewundert. Ich habe es vorher gewusst. Ich habe
doch darum gebetet, dass es am Heiligen Abend schneien soll!" Lachte
jemand? Nein; und vor diesem kindlichen Glauben stiegen dem Vater
die hellen Tränen in die Augen.

Dass diese Geschichte sich in unserer Familie genau so zugetragen hat, wie
ich sie erzählt habe, dafür verbürge ich mich. „Aus dem Munde der jungen
Kinder und Säuglinge hast du dir Lob zubereitet" (Psalm 8).

Dass das Gebet nicht von der menschlichen Aktivität und Vorsorge befreit, dazu gibt es eine kleine, sehr kluge Aussage einer besorgten Ehegattin.

Der Mann will gerade das Haus verlassen, da hält ihn die Frau zurück.
„Wie bitte?", fragt sie ihn. „Ich bete jeden Tag, dass du gesund bleibst.
Und du gehst ohne Schal und Mantel aus dem Haus? Ich mache mich
ja lächerlich vor Gott!"

Es gibt eben auch das unnütze Gebet, das ist das Gebet um Dinge, die wir gut
selbst erledigen können und in denen wir gut selbst Vorsorge treffen können.
Das Gebet ersetzt nicht die entsprechende Handlung. Zumeist tut es das ge-
naue Gegenteil: Es ermächtigt zum Handeln, und das im Sinne Gottes.

Unnütz ist aber auch das Gebet, das nicht ernst gemeint ist. Und das ist durchaus nicht immer ungefährlich. Dafür ist kein Geringerer als der berühmte holländische Maler Frans Hals (ca. 1580–1666) ein Zeuge.

Frans Hals pflegte jeden Abend sein Nachtgebet mit den Worten zu schließen: „Und nimm mich auf in deinen schönen Himmel!" Das hatten seine Studenten mitbekommen, und sie beschlossen, ihm einen Streich zu spielen. Sie wussten auch, dass der Maler den geistigen Getränken überaus zugetan war und oft die Details um sich herum nicht mehr so richtig bemerkte. Sie bohrten also ein Loch in die Decke über seinem Bett, befestigten an jedem Bettpfosten einen Strick und hielten auf dem Dachboden die vier Enden in der Hand. Der Maler schwankte dann auch nach einer Weile herein und ließ sich schwer auf das Bett fallen. Mehr lallend als sprechend verrichtete er sein Nachtgebet und schloss mit den wohlbekannten Worten: „Und nimm mich auf in deinen schönen Himmel." Das war das Stichwort für die Studenten; sie begannen, an den Seilen zu ziehen, und zogen langsam das Bett nach oben. Das merkte der halb betrunkene Maler dann doch und er schrie entsetzt auf: „Aber doch nicht jetzt gleich, lieber Gott, aber doch nicht jetzt gleich!"

Die Gebetserhörung ist für die Gläubigen jeder Religion und für die Ungläubigen ein unerschöpfliches Thema. Jeder, der als Christ auf sich hält, kann von einer Erhörung erzählen. Es gibt aber auch Gebetserhörungen, die, sagen wir, ein wenig zweifelhaft sind.

Eine alte Dame in der Nähe von Hamburg bekam Besuch von ihrem Pastor. Man sprach auch über das Gebet; und der Pastor fragte, ob sie denn auch eine Erhörung ihres Gebetes erfahre. „Aber ja", erwiderte die alte Dame, „jeden Morgen!" – „Und wie geht das vor sich?", fragte der Pastor. „Stellen Sie sich vor", war die Antwort, „jeden Morgen bete ich darum, dass mein Haus und mein Leben von Löwen verschont bleibt." Der Pastor glaubte, er habe sich verhört. „Sagten Sie etwas von Löwen?", fragte er. „Ja!", antwortete sie, „warum fragen Sie?" Der Pastor: „Aber hier gibt es doch gar keine Löwen!" Die alte Dame: „Da sehen Sie mal, wie großartig mein Gebet gewirkt hat!"

Zweifelhaft scheinen mir auch die Gebetserhörungen einer anderen alten Dame zu sein.

Sie gehörte schon lange zur Gemeinde und hatte schon so manchen Pfarrer erlebt. Sie war durchaus nicht immer einverstanden mit dem, was die geistlichen Herren trieben. So schrieb sie ihrem gegenwärtigen Pfarrer folgenden Brief: „Sehr geehrter Herr Pfarrer, wenn Sie in dieser und jener Angelegenheit Ihre Handlungsweise nicht grundsätzlich verändern, werde ich dafür beten, dass Gott Sie bald zu sich holen möge. Es wird Sie interessieren, dass ich schon bei zweien Ihrer Vorgänger mit diesem Gebet eine Erhörung erlebt habe."

Ganz ähnlich dachte die Frau eines Pfarrers.

Sie war grundsätzlich anderer Meinung als ihr Mann. Wollte er Käse, kaufte sie Wurst; wollte er Gemüse, machte sie Salat und so weiter. Der Mann reagierte so, wie die meisten Männer in einer solchen Situation reagieren, also wenig pfarrherrlich. Eines Tages eröffnete ihm seine Frau: „Es geht so nicht mehr weiter mit uns. Ich bete schon lange dafür, dass Gott eines von uns zu sich holen möge. Ich würde dann zu meiner Mutter ziehen."

Über eine solche Ehe klagte schon Abraham a Sancta Clara, siehe nächstes Kapitel. Ob das nun schon Fälle für Miss Marple sind, der Hobbydetektivin bei Agatha Christie, überlasse ich der Phantasie des Lesers.

Manches Gebet wird erhört, nur merkt es der Beter gar nicht oder er akzeptiert es nicht. Manchmal kann es der Beter gar nicht glauben, dass sein Gebet wirklich erhört wird, weil die Erhörung so ganz anders aussieht, als er es sich vorgestellt hat:

Ein Mann fällt in einen Brunnen. Er kann sich gerade noch an einer Wurzel, die in den Schacht hineinragt, festhalten. Über sich hat er den Himmel, unter sich das Wasser. Wie lange er das noch durchhält, weiß er nicht. So schickt er ein Stoßgebet um Rettung nach dem andern zum Himmel. Schließlich hat Gott ein Einsehen und sagt: „Lass dich fallen!" Der Mann glaubt, er hört nicht recht: „Wie bitte? Was hast du gesagt?" – „Vertrau mir. Lass die Wurzel los und lass dich fallen." Hilfesuchend schaut der Mann nach oben und stöhnt: „Gibt es da oben vielleicht noch jemand anderen?"

Das Geheimnis manchen erhörten Gebetes ist genau dies: dass der Beter die innere Kraft bekommt, loszulassen. Wer betet, muss nicht mehr in der zwanghaften Vorstellung leben, was er selbst nicht getan habe, werde auch nicht geschehen. Oft handelt Gott in dem Augenblick, in dem der Mensch auf seine eigene Aktivität verzichtet.

Manchmal aber ist die Erhörung mit Händen zu greifen. Aber der Beter lässt sie an sich vorbeiziehen, weil er zu fromm ist. Das musste ein sehr gläubiger Farmer an den Ufern des Mississippi erleben.

Es war während einer der großen Fluten, die in früheren Zeiten das Land unter Wasser setzten. Ein frommer Farmer rettete sich auf das Dach seines Hofes und betete um Rettung. Das Wasser stieg, aber er war sehr zuversichtlich, dass Gott sein Gebet erhören werde. Er stellte sich das so vor, dass das Wasser sich rechtzeitig zurückziehen werde. Doch das Wasser ging ihm schon bis an den Bauch, als ein Ruderboot vorbeikam. „Steigen Sie ein!", rief ihm der Ruderer zu. „Nicht nötig!", erwiderte der Farmer, „Gott wird mich retten." Nun ja, dann eben nicht. Das Boot drehte ab. Das Wasser stieg und reichte dem Farmer mittlerweile bis an die Brust. Ein Motorboot knatterte herbei; der Kapitän warf einen Rettungsring, aber der Farmer winkte ab: „Nicht nötig, Gott wird mich retten." Niemand wird in den USA gezwungen; das Boot fuhr weiter. Das Wasser stieg und ging ihm jetzt schon bis an die Oberkante Unterlippe. Da näherte sich ein Hubschrauber. Ein Mann seilte sich ab und hielt dem Farmer eine Strickleiter hin. „Schnell klettern Sie hinauf!" Der Farmer: „Nein, danke, ich bleibe. Gott wird mich retten und braucht eure Maschinen nicht." Nun ja, dann eben nicht. Nun, das Wasser stieg weiter. Der Farmer konnte sich eine Weile schwimmend über Wasser halten, aber dann verließen ihn seine Kräfte und er ertrank. Wütend erreichte er die Himmelstür und forderte, er wolle Gott sprechen, und zwar sofort. Da er nun wirklich ein sehr frommer Mann gewesen war, bekam er seine Audienz. „Lieber Gott!", schimpfte er, „ich bin immer ein treuer Sohn deiner Kirche gewesen, habe im Chor mitgesungen, die Kinder zur Kinderkirche abgeholt und zurückgebracht und mich finanziell nicht schlecht beteiligt. Ich bin wirklich ein gläubiger Mann gewesen. Und nun bete ich um Rettung aus Wassersnot, und was ist? Hier stehe ich, und das zum Spott aller Ungläubigen." Gott betätigte eine kleine Handglocke, die vor ihm auf einem Tischchen stand, und der Erzengel Gabriel kam in den Raum. „Hör zu!", sagte Gott zu ihm, „kannst du mir mal sagen, warum das nicht geklappt hat mit dem Ruderboot, dem Motorboot und dem Hubschrauber, die du dem Farmer hier zu seiner Rettung hättest schicken sollen?"

Gabriel brauchte nicht zu antworten, die ansteigende Röte im Gesicht verriet den Farmer. Aber die Geschichte geht noch weiter.

„Ich möchte allen von der großen Flut des Mississippi erzählen!", sagte er. Das ist allerdings im Himmel nicht so üblich; und der Erzengel Gabriel versuchte mit allen Mitteln, den Mann von seinem Vorhaben abzubringen. Aber nein, sagte dieser, es sei doch ein so außergewöhnliches Ereignis, und der ganze Himmel müsste doch davon erfahren und es sei doch sehr interessant. Nun ja, der Erzengel wollte dem Mann eine weitere Enttäuschung ersparen und berief eine Vollversammlung der himmlischen Bewohner ein. Aber der Mann nahm schließlich doch Abstand von seinem Vorhaben. Kurz vor Beginn der Veranstaltung flüsterte der Erzengel ihm nämlich zu: „Dass ich nicht vergesse, dir zu sagen: Noah ist im Saal!"

Dieser Witz gehört eigentlich in eine andere Sparte, in die von Tod, Himmel und Hölle. Doch so ist es eben beim Erzählen von Witzen: Kaum hat man den einen zu Ende gebracht, fällt einem schon der nächste ein …

DIE PREDIGT

Im Allgemeinen geht es in einer Predigt eher ernsthaft zu. Immerhin wird dort verhandelt, „was uns unbedingt angeht" (Paul Tillich). Dass man aber mit einem lachenden Gesicht manches Ernsthafte besser in die Herzen der Zuhörer predigt, dafür ist Ulrich Megerle alias Abraham a Sancta Clara ein Zeuge. Seine Moralpredigten erfreuten sich in Wien allergrößter Beliebtheit, außer bei denen, die er mit seine Wortspielen, Witzen und treffenden Formulierungen bloßstellte.

Einmal verklagte ihn eine Dame aus den oberen Zehntausend, weil er behauptet hatte, die Wiener Frauen seien es nicht wert, dass sie der Teufel hole. Abraham a Sancta Clara wurde dazu verurteilt, seine Aussage zu widerrufen. Das tat er dann auch; und zwar mit den Worten: „Die Wiener Frauen sind es wert, dass sie der Teufel holt."

Und Wien hatte wieder etwas zu schmunzeln. Überhaupt kritisierte er die Frauen besonders gern.

Abraham a Sancta Clara behauptete in einer Predigt: Alle tugendhaften Wiener Frauen kann man in einer Schubkarre aus der Stadt befördern. Diese Aussage brachte ihm einen Prozess ein. Er zog seinen Kopf mit dem Einwand aus der Schlinge, er habe ja nicht gesagt, wie oft er schieben müsse.

Er schmückte seine äußerst bildhaften Predigten mit selbst verfassten Gedichten aus, deren Rang von keinen Geringeren als Peter Huchel und Marcel Reich-Ranicki gewürdigt wurde. Eines seiner Grabgedichte sollte in keiner Anthologie fehlen:

Der Mensch ist ein Schatten, der bald vergeht.
Der Mensch ist ein Rauch, der nicht lange währt,
er ist ein Feuer, das sich bald verzehrt.
Der Mensch ist ein Wasser, das bald abrinnt,
er ist eine Kerze, die bald abnimmt.
Der Mensch ist ein Glas, das bald zerbricht,
er ist ein Traum, er zeiget sich nicht.
Der Mensch ist ein Wachs, das bald erweicht,
er ist eine Rose, die bald verbleicht.
Der Mensch ist ein Fleisch, das bald stinkt;
er ist ein Schiffchen, das bald sinkt.

Oder er prangert den übermäßigen Alkoholgenuss an:

Der Wein macht, dass einer anschaut:
einen Kachelofen für ein Bierglas,
einen Mehlsack für ein Weinfass,
einen Kirschbaum für einen Besenstiel,
einen Federwisch für eine Windmühl,
eine Katz für einen Wachtel*,
einen Star für eine Schachtel.

Über die Ehe kann sich Abraham a Sancta Clara besonders drastisch äußern:

Will er sauer, so will ich süß,
Will er Mehl, so will ich Grieß,
Schreit er Hu, so schrei ich Ha,
Ist er dort, so bin ich da,
Will er essen, so will ich fasten,
Will er gehn, so will ich rasten,
Will er recht, so will ich link,
Sagt er Spatz, so sag ich Fink,
Ißt er Suppen, so eß ich Brocken,

---

* Wachtel ist hier eine alte Hunderasse

Will er Strümpf, so will ich Socken,
Sagt er ja, so sag ich nein,
Sauft er Bier, so trink ich Wein,
Will er dies, so will ich das,
Singt er den Alt, so sing ich den Baß,
Steht er auf, so sitz ich nieder,
Schlägt er mich, so kratz ich wieder,
Will er hü!, so will ich hott!
Das ist ein Leben, erbarm es Gott!

Das erinnert doch sehr an die Frau des Pfarrers, die nach dem Tod eines von beiden zu ihrer Mutter ziehen will.

Die Wahl der Ehegattin fordert den Theologen zu beißendem Spott heraus:

Mancher lässt sich durch die Schönheit verblenden, ohne des Sprichworts sich zu erinnern: Schönheit vergeht, Tugend besteht. Wenn die Schönheit des Körpers wäre wie die Kleider der Israeliten in der Wüste, welche in 40 Jahren sich nicht abnutzten; allein manche hat jetzt goldne Haare, und bald maßt sie sich wie eine alte Bruthenne. Die Augen sind glänzend schwarz, aber bald werden sie triefend, und rot, wie die gewisser Tauben. Die Wangen sind voll, und lieblich, aber bald werden sie einfallen, wie ein leerer Dudelsack. Die Nase ist schön geformt, alabastern, aber bald wird sie ein alter Kalender, welcher immer nasses Wetter anzeigt. Der Mund glänzt wie Corallen, aber bald wird er einer gerupften Blaumeise gleichen. Der Wuchs ist schön, aber bald geht er in Trümmer, wie die alabasternen Büchsen der Magdalena. Tugend besteht, aber Schönheit vergeht.

Wenn aber die Ehe dann geschlossen ist, müssen Mann und Frau einige wichtige Eigenschaften entwickeln, wenn sie sie nicht schon mitgebracht haben:

Die Eheleut müssen gute Zähn' haben, denn sie müssen gar oft etwas
verbeißen.

Die Eheleut müssen gute Finger haben, denn sie müssen gar oft durch dieselben schauen.

Die Eheleut müssen einen guten Rucken haben, denn sie gar viel müssen übertragen.

Die Eheleut müssen einen guten Magen haben, denn sie müssen gar viel harte Brocken schlücken.

Die Eheleut müssen eine gute Leber haben, denn es kriecht ihnen gar oft etwas darüber.

Die Eheleut müssen gute Achseln haben, denn sie müssen dieselben oft über eine Sach schupfen.

Die Eheleut müssen gute Füß' haben, denn es druckt's der Schuh gar vielfältig: mit einem Wort: Patientia ist die erste Haussteuer, so die Eheleut haben müssen.

Einige seiner Formulierungen haben Sprichwortcharakter angenommen. „Der Himmel hängt voller Geigen" ist ein solcher Spruch, oder: „Es ist nicht alles Gold, was glänzt." Wie ernsthaft er aber als Theologe und Seelsorger sein konnte, zeigt kein anderer Spruch in solch treffender Kürze wie dieser: „Es gibt keine andere Brücke in den Himmel als das Kreuz." Allein für diesen Spruch gebühren dem Prediger Ruhm und Anerkennung, mehr als für alle seine Spötteleien.

Ihm nicht ebenbürtig, aber im Hannoveraner Umfeld ähnlich berühmt und berüchtigt war Jacobus Sackman (1643–1718), auch Jobst Sackman geschrieben, lutherischer Pfarrer in Limmer. Von ihm sind keine eigentlichen Anekdoten überliefert. Aber vier Predigten sind erhalten, die als authentisch gelten, und eine Anzahl von Nachahmungen, in denen sich der Stil Sackmanns mit dem von Abraham a Sancta Clara mischt.

In einer Trauerrede hält sich Sackmann lange darüber auf, dass dem zu betrauernden Schulmeister sein jährliches Eierdeputat verwehrt werden sollte. Darüber kam es sogar zu einer nächtlichen Wirtshausschlägerei, in die der Pfarrer selbst eingriff, nicht ohne vorher einen Pantoffel im dörflichen Dreck verloren zu haben. Die Beschimpfungen, die sich die Kontrahenten gegenseitig an den Kopf warfen, entbehrten nicht derber Anzüglichkeiten, bis Sackmann die beiden Streithähne auseinander-

brachte und nach Hause schickte. Dies alles erzählt der würdige Herr
Pfarrer in einer Trauerrede.

Eine Predigt zur Hochzeit nimmt er zum Anlass, sich das Brennholz für den
kommenden Winter zu sichern, und das noch in Versform:

„In Limmer
werd et alle Dage slimmer;
in Ahl'n is ock nist to halen;
in Velber,
da slachten de Buern die Kälber
und fressen sie selber –
aber meine lieben Davenstedter, die haben mir einen schönen Block
vors Haus gefahren für meinen Ofen. Gott lasse sie noch lange leben, so
werden sie mir nächstes Jahr wieder einen geben. "

In der Reihe der originellen Prediger darf der Ostpreuße Michael Pogorzelski (1737 – 1798) nicht fehlen. Die Überlieferung will, dass er nur ein
sehr gebrochenes Deutsch sprach; die von ihm erhaltenen deutschsprachigen
Schriftstücke, zumeist Eingaben an die Obrigkeit, beweisen das Gegenteil.
Ob die hier dargebotenen Texte die originale Stimme des wortgewaltigen
Predigers wiedergeben, sei dahingestellt. Vielleicht wurden sie ihm in durchaus freundlicher Absicht untergeschoben.

Eine seiner deutschsprachigen Predigten beginnt mit den Worten: „Lie-
be Gemeinde, ich will euch heute erzählen von Nuss. Nicht von Ha-
selnuss, auch nicht von Walnuss, nicht von Betrübnus oder Ärgernus,
sondern vom heiligen Johannus. "

Der Aufmerksamkeit seiner Gemeinde konnte er nach diesen Worten sicher
sein.

Der Höhepunkt seiner lyrischen Predigtproduktion war sicherlich erreicht, als er für einen befreundeten Pfarrer die Trauerrede hielt; die Ver-
wandtschaft zu dem oben zitierten Grabgedicht von Abraham a Sancta Clara
ist deutlich:

„Oh, weh dir Ortelsburg` Gemein,
hast verloren Pfarrer dein,
Geschlossen ist das Auge – tott,
Maul zu, was geredt von Gott!
So blüht im Garten Rosenstock;
springt zu, frisst ab der Ziegenbock.
So fraß auch mitt´ im Lebenslauf
der Tod den selgen Pfarrer auf.
Nun liegt er da auf Gottes Acker.
Pfui, Tod du Racker!

Diese Verse komplettierte er mit Worten, die an Bildhaftigkeit kaum zu wünschen übrig lassen:

„Da laufen die Tränen von den Dachrinnen unserer Augen wie But-
termilch aus geplatztes Butterfass. Was ist menschlich Leben? Leben
ist wie Teerpaudel am Wagen: Schlicker – schlacker, schlicker – schla-
cker, bums, liegt auf Erde, aus ist menschlicher Leben. Item*, was ist
menschlich Leben? Menschlich Leben ist baufällig Strohdach. Kommt
Wind, pardautz, fällt´s um!"

Aufgrund dieser Worte wollte das Königsberger Konsistorium den Pfarrer zur Ruhe setzen, aber es kam anders. In eisiger Winternacht brach das Eis der Ostsee unter einem Schlitten, und Pogorzelski rettete unter Aufbietung aller seiner Kräfte die gesamte Besatzung mitsamt den Pferden. Dabei zog er sich ein Nieren- und Lungenleiden zu, an dem er wenige Wochen später starb – kurz, bevor ihn der „blaue Brief" aus dem Konsistorium erreichte. So will es jedenfalls die Legende.

Paul Fechter (1880–1958) hat dem Pfarrer mit seinem Theaterstück „Der Zauberer Gottes" ein Denkmal gesetzt. Es fasst die umlaufenden Legenden zusammen und garniert sie mit inneren Kämpfen zwischen Christentum und altpruzzischer Religiosität. Mit anderen Worten: Er bietet dem Leser ein idealisiertes Bild des Pfarrers und gibt auf die Realitäten wenig Acht.

---

*   Lateinisch: also

Der Trauergottesdienst, so legen die aufgeführten Beispiele nahe, ist besonders anfällig für unfreiwillige Komik. Davon gezeichnet sind auch die Grablieder des Pfarrers Michael von Jung (1781–1858). Auch sein Wirken wurde in einem Theaterstück dargestellt: „Sing nicht, Vogel" von Alfred Weitnauer (1905–1974). In einer Fernsehproduktion unter dem Titel „Der Vogel lässt das Singen nicht" spielte Willy Reichert den singenden Pfarrer, assistiert von Margret Carl als Haushälterin und Dieter Borsche als kritischer Bischof. Authentisch an diesem Stück sind die Lieder, die als solche schon für abendfüllende Heiterkeit sorgen könnten. Weitnauer schrieb auch eine Biographie des singenden Pfarrers.

Sein Lebenslauf ist auch insofern bemerkenswert, als Michael von Jung bei einer Typhusepidemie zum Erstaunen der medizinischen Fachwelt die meisten Erkrankten seiner Gemeinde „durchbrachte" – ihm brachte es die Erhebung in den persönlichen Adelsstand und einen Orden, den er auch bei der Messfeier trug. Diese Auszeichnung ermutigte ihn erst zu seinen „fröhlichen Grabliedern" (Helmut Thielicke). Seine Versetzung auf eine Kaplanei in seinem 68. Lebensjahr wurde und wird weithin als eine Bestrafung für seine Lieder angesehen. Sie bedeutete aber wohl nur eine Rücksichtnahme auf die zunehmende Gebrechlichkeit des Pfarrers. Allerdings dichtete er seither keine Grablieder mehr.

Bemerkenswert scheint, dass bei beiden Dichtern am Grabesrand, Michael Pogorzelski und Michael von Jung, die unfreiwillige Komik einherging mit bedingungslosem Einsatz für die Menschen, die ihnen anvertraut wurden. Das erzeugt neben aller berechtigter Heiterkeit eine hohe Achtung für die Menschlichkeit und den Glauben beider Theologen – über die Grenzen der Konfessionalität hinweg.

Nun aber ein paar wenige Edelsteine aus dem lyrischen Schatzkästlein des singenden Pfarrers:

Bei einem Diebstahl kam ein junger Mann auf absonderliche Art ums Leben. Wortreich schildert der Autor, wie der Dieb seine üble Tat plant und ausführt. Ein Schwein will er stehlen. Es gelingt ihm auch, ungesehen in den Schweinestall zu gelangen und das Schwein zu betäuben. Das Ende des Verbrechens lassen wir Michael von Jung selbst schildern:

Er nahm die hintern Füß' und band
Zusammen sie mit Stricken,
Wodurch ein großes Loch entstand,
Und schwang es auf den Rücken
Und stekte seinen Kopf hinein,
Um so das zentnerschwere Schwein
Bequemer fortzutragen.

Er kam, mit seinem Raub beschwert,
Zum Zaun von einem Garten,
Der ihm den Uibergang verwehrt;
Doch, ohne lang zu warten,
Erstieg er schnell des Zaunes Höh.
Auf einmal glitschte er, o weh!
Und blieb am Zaune hangen.

Die Last des Schweines blieb zurück,
Bei dem Hinüberstürzen;
Da würgte ihn am Hals der Strick,
Sein Leben abzukürzen,
Und schnürt ihm seine Kehle zu;
So ward sein Atemzug im Nu
Gehemmt in seinem Halse.

Er hatte zwar sich aufgerafft,
Fiel aber wieder nieder;
Denn itzt verschwand die Lebenskraft
Durch alle seine Glieder:
Er fieng am Strick zu zappeln an,
Und ach! es war um ihn gethan
In wenigen Minuten.

Dass diese tödliche Selbstbestrafung den Pfarrer zu langatmigen Ausführungen über Sinn und Unsinn des Verbrechens führt, versteht sich von selbst; er müsste aber nicht Pfarrer sein, um noch einen versöhnlichen Schluss hinzuzufügen:

Doch dürfen wir den Bruder nicht
Verdammen hier im Grabe;
Wer weißt ob er bei dem Gericht
Nicht Gnad gefunden habe,
Weil ihm vielleicht von Jugend auf
Zu einem frommen Lebenslauf
Schon die Erziehung fehlte.

Interessant also, dass hier bereits eine missratene Erziehung als Grund zur Milde bei der Bestrafung angeführt wird. Michael von Jung ist darin seiner Zeit weit voraus. Zwar ist der Dieb durch sein selbstverschuldetes Ende menschlicher Bestrafung enthoben. Es wartet auf ihn aber noch das Jüngste Gericht, das Übeltätern wie diesem die ewige Strafe zukommen lässt. Aber vorher gibt es noch eine, wenn auch schmerzhafte Chance, der ewigen Verdammnis zu entrinnen, und das ist das Fegefeuer. In diesem Feuer werden nach katholischer Lehre die lässlichen Sünden abgebüßt. Um diese Chance für den Dieb bittet der Pfarrer in der letzten Strophe seines Grabliedes:

Noch wollen wir zu Gott um Huld
Und Gnade für ihn bethen,
Er möchte ihn für seine Schuld
Von dem Verderben retten,
Und durch das Feur der Reinigung
Ihn endlich doch Begnadigung
Auf ewig finden lassen.

Seiner Zeit voraus erweist sich der fromme Dichter auch, als es um einen Selbstmörder ging. In der Regel galten sie als verdammt und wurden außerhalb der Friedhofsmauern beerdigt. In diesem Fall jedoch verfuhr man anders:

Der Leichnam wurde nun sezirt,
Und im Gehirne nachgespürt
Der Ursach seines Todes.

Das ist ein durchaus moderner Gedanke, bei einem Suizid nach körperlichen Ursachen zu fragen. In diesem Fall führt die Sektion dann auch zu einem günstigen Ergebnis für den Delinquenten:

Des Arztes Aug erblickte kaum
Die Haut des Hirnes offen,
Da zeigte sich sich das Hirn mit Schaum
Und Wasser unterloffen,

Ein sichres Zeichen: daß dabei
Der Mann vor Wuth und Raserey
sich tödten mußte.

Dieser Befund rechtfertigt in den Augen des Seelsorgers eine „ordentliche" Bestattung und ein Gebet um Verzeihung durch den Höchsten:

So ist bei diesem braven Mann,
Der nie ein Kind beleidigt,
Was er ganz unbewußt gethan,
Zum Voraus schon vertheidigt,
Deswegen ward er, wie ein Christ,
Der krank im Bett gestorben ist,
Mit Ehren hier begraben.

Drum lasst uns dem Unglücklichen
Noch eine Thräne weihen,
Und mitleidvoll zum Richter flehn:
Er möchte ihm verzeihen,
Die Fehler seiner Menschlichkeit,
Und jenseits ihm die Strafezeit
Der Reinigung verkürzen.

Es folgen noch tröstenden Worte an die Witwe und hinterbliebenen Kinder und eine kräftige Ermahnung an die anderen Zuhörer.

Keine Gnade indessen kennt der singende Pfarrer für einen Mann, der aufgrund seiner Spielsucht Hab und Gut verspielte, sich in Schulden stürzte, diese nicht bezahlen konnte und in solcher Bedrängnis das verübte, was man heute einen „erweiterten Suizid" nennt; das heißt, er ermordete zuerst seine Frau und seine vier Kinder und dann sich selbst. Michael von Jung kommentiert an den Gräbern der Opfer und des Täters die Tat so:

Da liegen sie, erwürgt von ihm,
Die fünf schuldlosen Leichen;
Sie unterlagen seinem Grimm,
und seinen Mörderstreichen:
Doch ihre Unschuld hat gewiß
Dort, in des Himmels Paradieß
Die Marterkron empfangen.

Ihr Mörder aber schmachtet dort
Schon in der Hölle Flammen,
Wozu ihn des Gerechten Wort
Und Heiligkeit verdammen;
Denn für den Mörder, der ergrimmt
Verzweifelnd sich das Leben nimmt,
Ist keine Gnade möglich.

Auch hier folgen noch einige kräftige gereimte Ermahnungen für die Lebenden.

In kaum zu überbietender Drastik schildert der Sänger die Hinrichtung einer Giftmischerin. Zweimal versuchte sie vergeblich, ihren Mann mit Hilfe von Rattengift vom Leben zum Tod zu befördern; vergeblich.

Allein sie wurde kühn und frecher,
und alle guten Ding sind drei,
und reichte ihm den Todesbecher
mit dreimal so viel Gift dabei.

Er trank ihn aus. – Oh welche Freude
für dieses lasterhafte Weib!
Das Gift durchdrang die Eingeweide
und wirkte durch den ganzen Leib;
er fühlte Schmerz durch alle Glieder
und krümmte sich als wie ein Wurm
und schloß die welken Augenlider
und unterlag dem Leidensturm.

Zunächst schöpfte niemand Verdacht; als aber auch die Frau des Geliebten der Giftmischerin starb, wurde sie seziert und man fand das Gift. Ihr Mann, also der Geliebte der Giftmischerin, verübte als Mittäter Selbstmord, entsprechend gewürdigt durch den Leichensänger; der Ehemann der Täterin wurde exhumiert und ebenfalls auf Gift untersucht – erfolgreich. Nach einem Geständnis wird die Frau zum Tode durch das Schwert verurteilt, und das Urteil wird auch stracks vollzogen:

… das blanke Schwert des Henkers blitzet
und haut ihr ab im Nun den Kopf.

Aus der vom Haupt getrennten Kehle
ergoß das Blut in Strömen sich,
und ihre fluchbeladne Seele
entfloh dem Leibe, der verblich;
schon stehet sie vor dem Gerichte,
das dort der höchste Richter hält,
und unterliegt dem Strafgerichte,
das dort auf ihre Laster fällt.

Selbstverständlich dürfen auch hier moralische Ermahnungen an die Lebenden nicht fehlen:

… und widersteht der Lüsternheit:
Denn wer des andern Weib anschauet
mit Augen voll Begierlichkeit,

der ist, wenn ihm davor nicht grauet,
zu jeder Lastertat bereit.

Als Theologe der Aufklärungszeit muss bei Michael von Jung alles seine gottgewollte und einsehbare Ordnung haben. Wenn sein theologischer Ordnungssinn verletzt wird, dreht und wendet er seine Verse so lange, bis doch noch ein Sinn hinter dem Geschehen hervorblitzt, und sei es auch nur einer, der mit diesen Worten gekennzeichnet werden kann: Jeder ist zu etwas zu gebrauchen, und sei es als abschreckendes Beispiel. Oder auf die Todesumstände gemünzt: Kein Tod ist so unnütz, dass er den Lebenden nicht zur Ermahnung und also zur Erbauung dienen könnte. Damit ist die Harmonie der Welt zumindest für den Augenblick wieder hergestellt, und der Verblichene kann der Erde oder vielmehr dem himmlischen Richter anvertraut werden.

Es gibt bei der Predigt drei Arten zu lachen. Die erste Art: Die Gemeinde lacht, und der Pastor weiß, warum. Er hat einen Witz gemacht. In einer meiner Gemeinden habe ich zehn Jahre gebraucht, bis die Gemeindeglieder wussten, sie dürfen auch wirklich lachen, wenn ihnen danach ist – siehe die Anekdote um Till Eulenspiegel im Vorwort. Die zweite Art: Die Gemeinde lacht, und der Pastor weiß nicht warum. Dann hat er sich irgendwie versprochen oder die Sache hat eine Nebenbedeutung, derer es sich nicht bewusst war. Das ist immerhin peinlich, aber erträglich. Die dritte Art: Die Gemeinde lacht, der Pastor weiß, warum, aber er findet es nicht zum Lachen. So habe ich es einmal erlebt, als ich in einer Seniorenrunde die Kurzgeschichte „Das Brot" von Wolfgang Borchert vorlas. Über das Gelächter der Senioren schäme ich mich noch heute.

KOLLEKTEN UND SPENDEN

Zu einem Gottesdienst gehört auch die Kollekte. Sie soll Ausdruck des Dankes für das gehörte Wort Gottes sein. Wie immer aber, wenn es um Geld geht, fehlt es auch hier nicht an erheiternden Momenten. Der Kollektenwitz ist ein Witz, den der Pastor über die Kollekte macht, damit dieselbe höher ausfällt, denn ein lachender Mensch gibt leichter und mehr als eine betrübte Seele. Der Leeraner Pastor Gerrit Herlyn, dem hiermit ein bescheidenes Denkmal gesetzt sei („Denk mal!"), war ein Meister des Kollektenwitzes, den er auch noch auf ostfriesisch Platt erzählte. Das wollen wir hier nun doch nicht tun; die Witze sollen natürlich auch in Bayern verständlich sein.

> *„Nein, wie war das schön!", erzählte eine Frau, die mit ihrer Tochter zum ersten Mal einen christlichen Gottesdienst besuchte. „Wir haben gesungen und gebetet, und der Pastor hat gepredigt, alles sehr schön. Aber das beste war: Zum Schluss wurde noch ein Körbchen mit Geld herumgereicht. Wir haben uns auch jede einen Euro genommen."*

Eine Frage, die immer wieder einmal gestellt wird, ist die nach der Verwendung der eingenommenen Kollekte. Dass sie interreligiös ist, legt folgender Witz nahe.

> *Ein evangelischer Pastor, ein römisch-katholischer Priester und ein Rabbi unterhalten sich über die Kollekte. „Wie teilt Ihr das Geld auf?", fragt der Rabbi. Der evangelische Pastor antwortet: „Ich ziehe einen Strich auf den Boden. Dann werfe ich das Geld in die Luft. Was links vom Strich herunterfällt, gehört Gott. Was rechts herunterfällt, gehört mir." – „Und Sie? Wie machen Sie das?", fragt er den katholischen Priester. – „Ich male auf den Boden einen Kreis. Dann werfe ich das Geld in die Luft. Was in den Kreis fällt, gehört Gott. Der Rest gehört*

mir. Und wie machen Sie das?", fragt er den Rabbi. Der Rabbi ant-
wortet: „Ich werfe das Geld in die Luft. Was oben bleibt, gehört Ihm."

Der Witz an der Geschichte: Im Synagogengottesdienst wird keine Kollekte
eingesammelt. Der Rabbi macht sich über seine christlichen Kollegen lustig.

Besagtem Pastor Herlyn verdanke ich folgenden Witz, den er in einem
seiner legendären Altjahresabendgottesdienste erzählte:

Der Junge fragt seinen Vater: „Du Vater, stimmt das eigentlich, dass
die Afrikaner so Umhänge als Kleider haben?" (In Wirklichkeit sag-
te der Junge natürlich Neger; zu Zeiten Gerrit Herlyns galt das Wort
noch nicht als rassistisch.) Der Vater: „Ja, mein Junge, wie kommst du
darauf?" – „Dann haben die auch gar keine Knöpfe so wie wir?" Der
Vater: „Genauso ist es, mein Sohn." – Der Sohn: „Dann verstehe ich
eines nicht, Vater. Wieso hast du dann in die Kollekte für die Afrika-

mission einen Knopf getan? Den können die Afrikaner doch gar nicht brauchen!"

Als besonders findig im Bestreben, möglichst hohe Kollekten und Beiträge einzuwerben, gelten die Methodisten. Sie sind auch darauf angewiesen; denn eine von staatlichen Stellen eingezogene Kirchensteuer kennen sie nicht. Sie finanzieren sich, wie übrigens alle Freikirchen, ausschließlich über freiwillige Spenden. Das macht folgenden Witz verständlich:

Zwei Schiffbrüchige landen auf einer einsamen Insel. Sie sind die einzigen Überlebenden der Havarie, und keine Rettung ist in Sicht. Der eine jammert und heult den ganzen Tag, während der andere ganz unbekümmert tut. Das regt den ersten mit der Zeit auf, und er fragt: „Warum sind Sie nicht verzweifelt? Wir werden hier elendig umkommen." – „Nein, nein!", beruhigt ihn der andere, „Wissen Sie, ich bin ein reicher Mann und Methodist. Ich spende jeden Monat 1000 Euro. Ich garantiere Ihnen: Der Kassenführer meiner Gemeinde, der wird mich finden!"

Dass auch außergewöhnliche Formen des sogenannten Fundraising durchaus angewandt werden, das zeigt die folgende Geschichte. Ich hatte sie zuerst unter „Gottes Bodenpersonal" eingeordnet, da würde sie auch passen. Aber es geht ja in dieser Geschichte auch ums Geld; deshalb ziehe ich es vor, sie hier zu bringen.

Zu einem katholischen Pfarrer kommt ein Mann und berichtet unter Tränen, dass sein Hund gestorben sei. Er bittet den Pfarrer, für ihn eine Messe lesen zu lassen. Empört lehnt dieser ab; für Tiere könne er keinen Gottesdienst halten. Der Mann versucht es noch einmal mit eindringlicherem Bitten; vergeblich. Der Pfarrer bleibt hart. Da wendet sich der Mann zum Gehen und sagt: „Schade. Sie müssen wissen, der Hund hat demjenigen, der ihm eine Messe liest, 15.000 Euro in bar für seine Kirche hinterlassen. Ich versuche es jetzt bei Ihrem evangelischen Kollegen." Er spricht's, dreht sich um und will gehen. Da ruft ihn der Pfarrer zurück: „Halt, guter Mann, nicht so schnell! Warum haben Sie nicht gleich gesagt, dass der Hund katholisch ist?!"

Gerade dann, wenn ein kirchliches Werk auf Spenden angewiesen ist, braucht der Leiter einer solchen Anstalt viel Fingerspitzengefühl, um seine Gelder einzuwerben. Geiz ist hier die Wurzel so manchen Übels.

Der Leiter eines Missionswerkes erzählt: „Geiz kann ich nicht ausstehen; aber es gibt eine Art Geiz, den ich gern habe. Einmal war ich auf einem Bauernhof. Ich erzählte dem Bauern und der Bäuerin von meinen Projekten und machte sie darauf aufmerksam, dass dazu auch irdische Gaben notwendig seien. Zunächst gab es keine Reaktion. Doch nach einer Weile ging der Bauer hinaus, um irgendetwas zu erledigen. Da sagte die Bäuerin: Es tut mir so leid, aber mein Mann ist ein wenig geizig. Ich möchte aber Ihr Werk doch unterstützen. Hier haben Sie hundert Mark; aber, bitte, sagen Sie meinem Mann nichts davon! Ich nahm die hundert Mark mit Dank entgegen. Später fragte der Bauer, ob ich nicht das Vieh besichtigen wolle. Natürlich wollte ich. Bei den Kühen angekommen sagte der Bauer: Wissen Sie, leider ist meine Frau ein wenig geizig. Aber ich will Ihnen doch etwas spenden. Hier haben Sie hundert Mark; aber, nicht wahr, kein Wort darüber zu meiner Frau! Sehen Sie", schloss der Erzähler, „das ist ein Geiz, den ich gern habe."

Doch nicht jede Spende ist willkommen. Manchmal muss die Kirche sogar Millionenspenden ausschlagen, wie in folgendem Fall.

Zum Papst kommt ein schwerreicher Amerikaner. Er erbittet eine Audienz, die ihm aufgrund seines enormen Reichtums auch prompt gewährt wird. Er hat ein ganz bestimmtes Anliegen: „Ich möchte, dass in jedem Gebet gesagt wird: Trink Coca-Cola!" Der Papst ist entsetzt. Der Mann präzisiert seine Bitte: „Ich spende der katholischen Kirche dafür 10 Millionen Dollar!" 10 Millionen Dollar, das tut richtig weh, aber der Papst bleibt hart. Traurig geht der Amerikaner in den Petersdom. Dort erlebt er eine Messe. Am Ende kommt das Vaterunser, *natürlich auf Latein: Pater noster, qui es in caelis: sanctificetur nomen tuum. Adveniat regnum tuum. Fiat* voluntas tua … An dieser Stelle denkt der reiche Amerikaner: Herr im Himmel, wie viel mag Fiat wohl dafür bezahlt haben?*

---

* Vater unser im Himmel, geheiligt werde dein Name, dein Reich komme, dein Wille geschehe (fiat, deutsch: es geschehe)

DIE TRAUERFEIER

Die Gedichte und Geschichten um Tod und Begräbnis von Michael Pogorzelski und Michael von Jung erscheinen uns Heutigen eher als makaber oder als Auswüchse eines schwarzen Humors. So waren sie jedoch beileibe nicht gedacht. Der Umgang mit dem Tod war zu diesen Zeiten insgesamt freier und mit weniger Tabus belegt. Das brachte schon die hohe Sterblichkeit von Kindern und Jugendlichen mit sich. Und die Alten starben zumeist zu Hause und nicht in den Hospitälern und schon gar nicht in palliativen Hospizen. So war der Tod der Gevatter, gefürchtet zwar und verabscheut, und doch allgegenwärtig.

Gemessen an der Praxis der vergangenen Jahrhunderte sind unsere Begräbnisfeiern klinisch rein; kaum dass einmal ein emotionaler Ausbruch zu erleben ist; und wenn doch, ist dies alles andere als erheiternd. Trotzdem gibt es natürlich Augenblicke unfreiwilliger Komik auf Beerdigungen. Oft bricht sich das Menschlich-Allzumenschliche Raum und durchkreuzt die ernste Feierlichkeit.

Eine überaus fromme und tugendhafte alte Dame, Mitglied beim Blauen Kreuz, einer sehr frommen Gemeinschaft, die den Alkohol bekämpft, hatte endlich das Zeitliche gesegnet. Sie hatte keine nahen Verwandten; nur ein Neffe und eine Nichte, nicht weniger fromm als sie selbst, geleiteten sie auf ihrem letzten Weg. Dafür war mindestens der halbe Blaukreuzverein zugegen. Nach den üblichen Segensworten versenkten die Mitarbeiter des Bestattungsunternehmens den Sarg. Da gab es plötzlich ein Gepolter. Mit todernster Miene, wie es sich eben gehört, trat der Pfarrer an den Rand des Grabes, um die drei Handvoll Erde hinabzuwerfen. Er tat dies aber in unwürdiger Hast, hielt sich den Mund zu und wandte sich ab. Der Neffe trat ans Grab, warf plötzlich ebenso hastig eine Blume hinab, hielt sich den Mund zu und wandte sich ab. Ebenso die Nichte. Dann aber hatte sich der Pfarrer

gefasst, richtete das Wort an die Mitarbeiter des Bestatters und rief:
„Zuschaufeln!" Er fasste Nichte und Neffe beim Arm und bedeutete
dem Rest der Trauernden, dass die Feier zu Ende sei. Was war der
Grund für diese Aufgeregtheiten? Es hatte mit dem Poltern zu tun.
Einem der Sargträger war eine Flasche Schnaps, ein sogenannter Flach-
mann, aus der Jackentasche auf den Sarg gefallen. Dort prangte sie jetzt
unter dem Kreuz, mit dem Etikett nach oben, und jeder, ob er wollte
oder nicht, las den Namen des Korns: Weizenjunge. Pfarrer, Neffe und
Nichte hatten äußerste Mühe, das Lachen zu unterdrücken.

Die Pfarrer spielen bei den Begräbnissen eine wichtige Rolle. Nirgends sind
die Menschen für die christliche Botschaft so aufgeschlossen wie vor einem
Sarg oder einer Urne. Die Ansprachen sind deshalb von großem Gewicht.
Doch auch die Liturgie spielt eine bedeutende Rolle. Sie hilft, das traurige
Geschehen in geordneten Bahnen zu halten. Sie ist wie ein Geländer, an
dem sich der Pfarrer und die Trauernden festhalten können. Selten einmal
geschieht es, dass die Liturgie eine Erweiterung erfährt; und ob diese dann
für alle Zeiten gültig bleibt, ist doch sehr die Frage.

Eine Dame suchte ihren Pfarrer auf, um die Belange zur Beerdigung
ihres verstorbenen Mannes zu klären. Als alles besprochen war, drückste
sie noch ein wenig herum, als habe sie noch etwas auf dem Herzen.
„Nun, was ist denn noch?", fragte der Pfarrer geduldig. „Ja", fasste sie
sich ein Herz, „ich will es ja auch wohl bezahlen. Können Sie nicht
auch bei meinem Mann den Liturgischen Sprung machen?" Der Pfar-
rer wusste zunächst nicht, was er davon halten sollte. Dann aber fiel
es ihm ein: Bei einer seiner letzten Beerdigungen war der Rand des
Grabes, wo er stand, ins Rutschen gekommen. Um nicht in das Grab
auf den Sarg zu fallen, hatte sich der Pfarrer nur durch einen kühnen
Sprung über das offene Grab hinweg retten können. Die Dame be-
merkte das Zögern des Pfarrers und fuhr fort: „Ja, wissen Sie, es war,
wie wenn ein Engel über das Grab geflogen wäre. Das will ich auch für
meinen Mann haben!" So avancierte der Talar des Pfarrers zu Engels-
flügeln. Dem Wunsch der Dame aber konnte er nicht willfahren. Diese
liturgische Erweiterung galt nur für dieses eine Mal.

TOD, AUFERSTEHUNG, HIMMEL UND HÖLLE

Jetzt geht es nicht um die Feier, sondern um das, was danach kommt. Theologisch gehört das zu den „Letzten Dingen", mit dem schönen Fremdwort Eschatologie zu bezeichnen. Diese letzten Dinge berühren den Menschen im Innersten. Jeder weiß, dass er sterben wird; aber kaum jemand glaubt es. Und wenn man es doch endlich glauben muss, weil der gesundheitliche Zustand oder das Alter keine andere Wahl lässt, wird die ganze Schwere des Problems plötzlich sinnfällig. Das heißt aber nicht, dass es keinen Humor dabei gibt, sei er nun gewollt oder unfreiwillig.

Auf dem jüdischen Friedhof gibt es Ehrenplätze. Wer neben dem Rabbi liegen darf, verspricht sich bei der Auferstehung der Toten vielleicht doch einen Vorteil. Die beiden reichsten Männer des Städtels streiten sich schon seit Jahren, wer neben dem Rabbi beerdigt werden darf. Die eine Seite ist schon vergeben, da wird die Rebezzen liegen, die Frau des Rabbis; und da genügt es, dass sie es ist, die neben ihm liegt. Aber die andere Seite ist noch frei. Die beiden Männer geraten immer wieder in hitzige Gefechte, der eine führt seine Spendenbereitschaft an, der andere seine Frömmigkeit, kurzum, es kommt zu keinem Ende. Die Chewre Kaddischa, also der jüdische Begräbnisverein, weiß auch nicht, wie er die Frage entscheiden soll. Schließlich gehen die Kontrahenten zum Rabbi. Zuerst trägt der eine sein Anliegen vor; der Rabbi hört es sich an, klärt und sagt: „Du hast Recht". Der andere protestiert und sagt: „Audiatur et altera pars"; das ist der einzige lateinische Spruch, den er kann; er hat ihn bei seinem Rechtsanwalt aufgeschnappt: „Rabbi, auch die andere Seite muss gehört werden." Und er legt seine Sicht der Dinge dar. Der Rabbi wiegt den Kopf und sagt: „Du hast auch Recht!" Das hört besagte Rebezzen, nicht dass sie direkt an der Tür gelauscht hätte, oh nein, aber die Herren haben ja auch nicht gerade geflüstert. Sie reißt die Tür auf sagt zu ihrem Mann: „Du bist wohl meschugge; du kannst doch nicht dem einen wie dem andern Recht geben!" Da nickt der Rabbi und sagt: „Da hast du auch Recht!" Er hat dann das Problem aber doch auf recht einfache Art gelöst: „Wer als erster von euch stirbt, darf neben mir liegen." Von Stund an ward der Streit beigelegt, und man hat von beiden nie wieder ein Sterbenswörtchen über ihre Grablege gehört.

Nun aber galt es, die beiden Kontrahenten miteinander zu versöhnen. Der Rabbi benötigte dazu viele gute Worte, bis beide damit einverstanden waren, einander künftig vielleicht nicht gerade als gute Freunde, aber doch als gute Nachbarn zu achten. Einer von beiden streckte nach erfolgter Versöhnung dem anderen die Hand hin und sagte in versöhnlichem Ton: „Ich wünsche dir alles, was du mir wünschst." – „Hören Sie, Rabbi?", sagte der andere, „er fängt schon wieder an!"

Die Tatsache, dass wir sterben müssen, verursacht bei den meisten Menschen Angst und starken Widerwillen. Sterben, das heißt, man muss alles zurücklassen, was einem lieb ist. Das nimmt allen Dingen ihren letzten Wert – was zum Beispiel hat Reichtum für einen Sinn, wenn er auf der Erde zurückbleiben muss? Man sollte vielleicht doch etwas davon mitnehmen können!

Ein reicher Mann hing so sehr an seinem Reichtum, dass er bei seinem Tod davon etwas mit in den Himmel nehmen wollte. Er hatte sich seinen Koffer voll mit Goldbarren beladen und bettelte auf seinem Sterbebett darum, dass er wenigstens diesen Koffer mitnehmen dürfe. Nach langem Hin und Her genehmigte dies der genervte Todesengel, und der Mann schleppte seinen schweren Koffer unter Aufbietung aller seiner Kräfte bis an die Himmelstür. Dort nahm ihn Petrus in Empfang und eröffnete ihm, dass er sich vor Eintritt in den Himmel einer Zollkontrolle unterziehen müsse. Vor allem der Inhalt des Koffers interessiere ihn. Der Mann war davon nicht begeistert. Er ahnte schon, dass seine Last nicht gut aufgenommen würde. „Das darf ich hereinbringen, das hat mir der Todesengel selbst erlaubt!" erklärte der Mann. Petrus ließ sich nicht erweichen; und nach wenigen Augenblicken lag der Koffer geöffnet auf dem Tisch. Petrus machte große Augen. „Die Häuser hier sind aus Liebe gebaut. Die Türme aus Barmherzigkeit. Die Straßen

bestehen aus Hoffnung. Die Brücken sind aus Glauben. Das alles hat
hier großen Wert. Aber es wiegt auf irdischen Waagen nichts. Und du
schleppst dich ab mit einem schweren Koffer. Und was ist drin? Ein
Haufen Ziegelsteine!" Der Mann schaute betroffen in seinen Koffer. Es
waren tatsächlich wertlose Ziegelsteine. Er hatte seine Kräfte umsonst
vergeudet.

Wer kommt in den Himmel? Ich sah einmal ein Standbild eines Schimmels
mit folgender Aufschrift auf dem Sockel:

Ach, du armer Schimmel,
Kommst nicht in den Himmel,
Wirst wie dein Herr sein,
Der kommt auch nicht rein.

Zugegeben, der Rhythmus holpert ein wenig; die Mahnung bleibt ernst zu
nehmen. Ob aber Tiere wirklich nicht in den Himmel kommen, diese Frage
darf als ungeklärt gelten. Dass nur Menschen ein Verhältnis zum Ewigen haben könnten, ist eine unbewiesene Annahme, die heutzutage jeder ernsthafte
Tierforscher in Frage stellen würde.

Wie aber meine Großmutter zu folgendem Spruch kam, weiß ich nicht.
Vielleicht war eine grundsätzliche Skepsis gegenüber der Bildung die Ursa-
che. Eine gewisse Bildungsfeindlichkeit war in besonders frommen Kreisen
durchaus keine Seltenheit. Man fürchtete, zu viele Einsichten würden den
Glauben mindern. Ein Schlump ist eine unwahrscheinliche, überraschende
Sache:

T'is ,n Schlump, t'is ,n Schlump,
Wenn ,n Pestoor in Himmel kummt.

Da holpert nun wirklich alles, Reim, Rhythmus und Inhalt. Oder hat der
Spruch doch Recht?

Ein Mann kommt an die Himmelstür. Petrus herrscht ihn an: „Wer
bist du?" Der Mann wirft sich in die Brust und antwortet: „Ich bin

katholischer Priester. " Petrus: *„Katholische Priester haben wir hier nicht.*" Die Tür fällt zu, und der Priester entdeckt eine Bank, auf der er ziemlich ratlos Platz nimmt. Es dauert nicht lange, und ein zweiter Mann begehrt Einlass. *„Wer bist du?"* – *„Ich bin lutherischer Pfarrer."* – *„Lutherische Pfarrer haben wir hier nicht.*" Und die Tür fällt zu. Der Pfarrer setzt sich neben den Priester auf die Bank. Nach einer Weile kommt der nächste Tote. *„Wer bist du?"* – *„Ich bin methodistischer Pastor.*" – *„Methodistische Pastoren haben wir hier nicht.*" Tür zu. Der Pastor setzt sich zu seinen Kollegen auf die Bank. Schon wieder kommt einer in schwarzem Anzug. *„Wer bist du?"* – *„Baptistischer Prediger."* – *„Baptistische Prediger haben wir hier nicht."* Auch der Baptist setzt sich auf die Bank. Mit der Zeit langweilen sich die geistlichen Herren furchtbar, zumal der Strom der Einlassbegehrenden offenbar abgerissen ist. Schließlich sagt der Lutheraner: *„Furchtbar langweilig hier. Ich schlage vor, wir vertreiben uns die Zeit ein wenig mit Singen."* Die drei anderen stimmen zu. Aber was sollen sie denn singen? Jedenfalls ein Lied, das sie alle kennen. Der Katholik schlägt vor: *„Wir glauben all' an einen Gott."* Das kennen sie alle, und aus voller Kehle schmettern sie das Lied. Da geht die Himmelstür auf, Petrus schaut heraus und sagt: *„Heh, Jungs, was sitzt ihr denn da draußen rum? Kommt doch rein!"*

Während nun die Theologen den Himmel betraten, wartete draußen schon der nächste Kandidat. *„Wer bist du?"*, fragte Petrus. *„Ich bin Pablo Casals."* – *„Wie, der Cellist?"* – *„Genau der."* Petrus: *„Das musst du beweisen."* Casals: *„Nichts leichter als das. Gib mir ein Instrument."* Petrus telefoniert zum himmlischen Hoforchester, und wenig später hat Casals ein Cello und spielt ein Menuett aus Bachs Solosuiten für Cello. Petrus wiegt im Takt sein greises Haupt. Endlich ist der Cellist fertig. *„Du bist Casals. Rein mit dir."* Der nächste an der Himmelstür ist Pablo Picasso. Auch er muss beweisen, wer er ist. Er bittet um etwas Papier und einen Bleistift und zeichnet ein Porträt des himmlischen Pförtners. Der schaut sich das entgeistert an: *„Was? Das soll ich sein?"*, aber dann sagt er: *„In Ordnung. Du bist Picasso. Rein mit dir."* Währenddessen wartet schon wieder einer darauf, dass er in den Himmel darf. Petrus fragt wieder, wer er ist: *„Ich bin Heinrich Lübke."* Petrus: *„Heinrich wer?"* Lübke: *„Das ist doch wohl nicht zu fassen.*

Ich bin Heinrich Lübke, der Präsident der Bundesrepublik Deutschland." – Petrus: „Heinrich Lübke, in Ordnung. Habe ich schon mal gehört. Aber du musst das beweisen." Heinrich Lübke nuschelt: „Wieso muss ich das beweisen? Ich bin der Bundespräsident der Bundesrepublik Deutschland. Jedes Kind kennt mich." Petrus: „Casals war hier und hat es beweisen müssen. Picasso war hier und hat es beweisen müssen. Und du musst es auch beweisen." – Heinrich Lübke: „Casals? Picasso? Wer ist das denn?" Petrus: „In Ordnung. Du bist Heinrich Lübke. Rein mit dir!" (In seiner Erstfassung war es Dwight D. Eisenhower, der die Künstler nicht kannte. Der Name ist also austauschbar.)

Eine Frage, die immer wieder ein Gegenstand des Nachdenkens ist, lautet: Werden wir einander im Himmel wiedererkennen?

Der große Theologe Karl Barth (1886–1968) wurde gefragt: „Werden wir unseren Lieben begegnen im Himmel?" Barth darauf: „Ja, aber den anderen auch."

Der christlich verstandene Himmel steht der Gemeinschaft der Gläubigen offen; und Gemeinschaft braucht eine Sprache. Welche Sprache wird man im Himmel sprechen?

Ein Tourist sieht am Straßenrand zwei Einheimische. Die kommen ihm gerade recht; denn er hat sich verlaufen. Er fragt die beiden also nach dem Weg – keine Antwort. „Sprechen Sie Deutsch?", fragt er etwas genervt. Keine Antwort. „Do you speak english?" Wieder keine Antwort. „Parlez-vous français?" Schweigen. „Habla espagnol?" Nichts. „Sprekt u nederlands?" Fehlanzeige. „Parlo italiano?" Nichts. Der Tourist zuckt mit den Schultern und geht weiter. Da sagt der eine von den Einheimischen zum andern: „Das war mal ein kluger Kerl. Fünf Fremdsprachen!" Der Andere antwortet: „Na und? Hat es ihm etwas genützt?"

Wer alle Sprachen der Erde beherrscht, aber nicht die Sprache des Himmels, wird sich dort wohl kaum Zutritt verschaffen können. Die Kommunikation der Erlösten im Himmel wird mit irdischen Sprachen nicht zu bewerkstelligen sein. Es wird wohl die Sprache des Glaubens sein oder die Sprache der Liebe, mit der man sich verständigt. Das Pfingstwunder mag einen ersten Hinweis geben. Jeder redet dort, wie ihm der Schnabel gewachsen ist; aber jeder versteht jeden. Die irdisch erworbenen Fremdsprachenkenntnisse sind offensichtlich nicht so wesentlich für die Verständigung im Himmel. Auch wenn manche glauben, Hebräisch sei vielleicht die Sprache des Himmels.

Ein kommunistischer Funktionär in Russland sieht auf einer Parkbank in Moskau einen alten Mann mit einem seltsamen Buch. Er tritt näher und sieht, dass es sich wohl um eine Art Schrift handelt. „Was tust du da?", fragt er ziemlich barsch. „Ich lerne Hebräisch." – „So, so, in deinem Alter noch Hebräisch lernen. Wozu das denn?! Du kommst ja doch nicht mehr aus Russland hinaus." Der alte Mann sagt: „Ich weiß. Aber der Rabbi sagte, Hebräisch ist die Sprache des Himmels." – „Die Sprache des Himmels, ach so. Und wenn du gar nicht in den Himmel kommst?" Der alte Mann nickt bedächtig. „Kann sein, dass ich gar nicht in den Himmel komme. Aber weißt du, Russisch kann ich schon!"

Wenn dann im Jenseits die Kommunikation klappt, sei es auf Hebräisch, Englisch (es gibt dort schließlich Engel!) oder auch Russisch, kann man die großen Rätsel der Menschheit zur Sprache bringen und eine authentische Antwort erwarten.

Eines der ungelösten Rätsel ist der Wal des Jona. Wie konnte er Jona verschlucken, obwohl doch sein Schlund von einem netzartigen Gewebe verschlossen ist? Das lässt ja nur Kleinzeug durch, noch nicht einmal einen größeren Fisch, von einem Menschen ganz zu schweigen. Mit diesen Bemerkungen wandte sich ein Spötter an einen Christen. Der sagte: „Wenn ich in den Himmel komme, werde ich Jona danach fragen." Der Spötter ließ nicht locker: „Und wenn Jona gar nicht im Himmel ist?" – „Dann kannst du ihn ja selber fragen."

Im Zeitalter der Nahtoderlebnisse muss man vielleicht gar nicht bis zum endgültigen Exitus warten, um bestimmte Auskünfte über das Jenseits geben zu können. Ob die berichteten Zustände jedoch wirklich aus der anderen Welt kommen oder doch nur Reaktionen eines sterbenden Gehirns sind, diese Frage muss ungelöst bleiben. Die christliche Hoffnung jedenfalls bezieht sich nicht auf Nahtoderlebnisse, sondern auf die Auferstehung Jesu Christi.

Ein hoher sowjetischer Funktionär stirbt. Breschnew möchte sich jedoch nicht mit seinem Tod zufrieden geben und beruft ein nationales Ärzteteam ein, um den Verstorbenen vielleicht doch noch zu retten. Und siehe da, es gelingt; nach drei Tagen erwacht der Tote zu neuem Leben, vierzehn Tage später ist er genesen. Nun ersucht er um eine Audienz bei Breschnew. Eigentlich gibt Breschnew keine Audienzen, aber was kann man einem Mann, der drei Tage lang tot war, schon abschlagen?! Er bekommt also die Audienz und sagt: „Lieber Genosse Breschnew, ich war ja nun drei Tage drüben, und ich muss dir sagen, es gibt Ihn doch. Ich habe Ihn selbst gesehen.“ Breschnew antwortet: „Gedacht habe ich mir das immer schon, aber einverstanden? Kein Mensch erfährt etwas davon und hier sind hunderttausend Dollar.“ Der Funktionär streicht sein Bestechungsgeld ein und macht sich auf den Weg nach Rom. Er ersucht um eine Audienz beim Papst. Kommunisten bekommen beim Papst normalerweise keine Audienz, aber was kann man einem Mann, der drei Tage lang tot war, schon abschlagen?! Er bekommt also die Audienz und sagt: „Lieber Genosse Papst, ach Entschuldigung, Eure Heiligkeit, ich war ja nun drei Tage drüben, und ich muss Ihnen sagen, es gibt Ihn nicht, ich habe Ihn nirgends gesehen.“ Der Papst antwortet: „Gedacht habe ich mir das immer schon, aber hier sind hunderttausend Dollar, und kein Mensch erfährt etwas davon, einverstanden?“ Der Funktionär streicht sein Bestechungsgeld ein und macht sich auf den Weg nach Washington. Dort regiert Ronald Reagan. Der hat durch seinen Geheimdienst schon von den Umtrieben des sowjetischen Funktionärs gehört und will ihn eigentlich nicht empfangen; doch was kann man einem Mann, der drei Tage lag tot war, schon abschlagen?! Er bekommt seine Audienz; aber bevor er den Mund aufmachen kann, kommt ihm Reagan zuvor und sagt: „Guter Mann, ich werde hier in den USA von den konservativen Gläubigen und den Evangelikalen gewählt. Es gibt Ihn, da können Sie

mir erzählen, was Sie wollen." Der Funktionär antwortet: *„Selbstver-*
ständlich gibt es Ihn, ich habe nie etwas anderes behauptet; schließlich
habe ich Ihn selbst gesehen. Nur: Sie ist eine Schwarze!" – *„Hier sind*
hunderttausend Dollar, einverstanden? Und kein Mensch erfährt et-
was davon!" (Man kann den Witz auch ohne die letzten beiden Sätze
von Ronald Reagan erzählen. Er gewinnt dann vielleicht sogar, weil
der Hörer ihn selbstständig ergänzt.)

Hier wird darauf angespielt, dass es durchaus verschiedene Möglichkeiten
gibt, sich Gott vorzustellen. Für eine WASP (White Anglo-Saxon Person,
auf Deutsch: Weiße angelsächsische Person; abschätzige Bezeichnung der
entsprechenden Menschen in den USA) ist Gott weiß, englischsprachig und
männlich; für einen Schwarzafrikaner oder einen Chinesen ändert sich das
Gottesbild entsprechend. Das ist so weit auch in Ordnung; nur muss man
sich immer bewusst bleiben, dass es sich um ein Bild handelt und Gott immer noch größer und vor allem ganz anders ist. Es ist auch nicht einzusehen,
warum Gott ein Mann sein soll; Gott vereinigt Mannsein und Frausein in
seiner allumfassenden Wirklichkeit.

So paradiesisch man sich den Himmel auch ausmalt, den meisten Gläubigen ergeht es wohl so wie Frans Hals (siehe S. 59): Man will zwar in den
Himmel, aber doch nicht jetzt sofort. So sind auch ernsthafte Christen eifri-
ge Besucher der Ärzte und versuchen, ihr irdisches Dasein so weit wie möglich zu verlängern. Dagegen ist auch nichts einzuwenden. Gefährlich sind
vielmehr die Menschen, die auf die Kunst der Ärzte aus religiösen Gründen
verzichten und andere ermuntern, es ebenso zu halten. Auch die ärztliche
Kunst ist eine Gabe Gottes, und oft hilft Gott durch die Hand der Ärzte.
Wer das ablehnt, verhält sich wie der gläubige Farmer am Mississippi (siehe
S. 62); wer anderen die ärztliche Heilkunst verbieten will, verhält sich ver-
antwortungslos und könnte an Leben und Tod seiner Mitmenschen schuldig
werden. Aber ob das Ausschöpfen aller Heilmittel stets zielführend ist, wer
will das entscheiden? Manchmal werden Menschen auch an einem men-
schenwürdigen Sterben gehindert. Um dem vorzubeugen, ist eine Patientenverfügung hilfreich. Ob das Ehepaar, von dem jetzt die Rede sein soll, eine
solche Patientenverfügung hatte, ist ungewiss.

Ein altes Ehepaar stirbt zufällig am selben Tag. Gemeinsam kommen sie zum Himmelstor und werden von Petrus empfangen. Er macht mit ihnen eine Rundfahrt durch die himmlischen Gefilde. Bei einer Villa halten sie an. „Ihr wart immer gut zueinander und habt fest im Glauben gestanden. Die Villa gehört euch." Die beiden sind beeindruckt. Der Mann aber macht sich Sorgen: „Wer soll denn das große Grundstück pflegen? Ich etwa?" – „Nein", beruhigt ihn Petrus, „ein Gärtner gehört natürlich dazu." – „Und wer putzt die Fenster?", fragt die Frau. Petrus antwortet: „Bitte machen Sie sich keine Sorgen! Eine Hausgehilfin, eine Köchin und ein Butler gehören selbstverständlich zur Ausstattung Ihrer Villa!" Da schaut der Mann seine Frau strafend an und sagt: „Du immer mit deinen Herztropfen! Das hätten wir schon vor zehn Jahren haben können!"

Als ich diesen Witz in meiner Seniorenrunde erzählte, dröhnte das Lachen bis auf die Straße. Lachend kam auch ein todkranker Patient im Himmel an.

„Warum lachst du denn so?", fragt Petrus den Neuankömmling im Himmel. Der antwortet: „Schau mal runter in den Operationssaal. Da schnippeln sie immer noch an mir herum!"

Die beiden letzten Witze könnten schon das berühmte Osterlachen auslösen.

DAS OSTERLACHEN

Das Urdatum des christlichen Glaubens ist die Auferstehung Jesu Christi. Aus der Auferstehung ergibt sich die zentrale Hoffnung des Christentums: dass der Tod nicht das letzte Wort hat. Gott hat Jesus Christus auferweckt von den Toten, er hat die unüberwindliche Grenze des Todes aufgesprengt, und der Mensch darf hoffen, dass auch er selbst auferweckt wird und sein Leben nicht im Grab endet – ein für allemal. Am Ende des irdischen Lebens steht nach österlicher Überzeugung nicht das Nichts, sondern die Fülle Gottes, „volles Genüge", wie Jesus sagt (Johannes 10,10). Das alles ist reichlich unanschaulich. Gerade deshalb hat es immer wieder Versuche gegeben, aus den schwer nachvollziehbaren Aussagen Erlebnisse abzuleiten, die den Menschen erschüttern – oder doch wenigstens sein Zwerchfell. Den Predigern früherer Generationen war deshalb sehr daran gelegen, in ihren Osterpredigten die Leute zum Lachen zu bringen. Wenn es schon schwer fällt, den Sieg Gottes über den Tod mit dem Verstand zu erfassen, sollte der Tod wenigstens kräftig ausgelacht werden. Im Gelächter sollte sich die Zuversicht Bahn brechen, dass der Tod das Nachsehen hat und das Leben siegt. Es ist das Lachen des Opfers über seinen Peiniger, der sich lächerlich gemacht und somit seine Kraft verloren hat. Dieses Osterlachen, wie man es nannte, wurde im 14. Jahrhundert allgemeiner Brauch in den Kirchen vor allem Süddeutschlands. Um die Leute zum Lachen zu bringen, war vielen Predigern und Priestern jedes Mittel recht. Sie erzählten Witze, führten kleine komische Szenen auf und machten sich bewusst zum Gespött der Gemeinde. Ein Pfarrer gackerte wie ein Huhn und holte dann unter dem Talar ein Ei hervor. Ein anderer legte sich auf eine Fuhre Mist und tat, als wolle er ein Kalb gebären. Dass die Gottesdienstbesucher angesichts solcher Kuriositäten oft in schallendes Gelächter ausbrachen, versteht sich von selbst. Auch schlüpfrige Geschichten und Scherze waren durchaus gang und gäbe, frei nach Wilhelm Busch: Was belacht wird, ist erlaubt!

Die Reformatoren kritisierten das Osterlachen teilweise scharf und verbaten es sich für ihre Kirchen. Später wurde auch den katholischen Seelenhirten das österliche Lachen zu subversiv, und sie schafften es nach und nach ab. Anfang des 20. Jahrhunderts wurden offiziell die letzten Osterwitze erzählt. Wenngleich auch wir Heutigen für manche Auswüchse wenig Verständnis aufzubringen vermögen, bedaure ich es doch, dass die Erfahrung befreienden Lachens aus den Ostergottesdiensten weithin verschwunden ist. Jesus selbst stellt uns das Lachen in Aussicht, wenn er im Lukasevangelium sagt: „Selig seid ihr, die ihr jetzt weint, denn ihr werdet lachen" (Lukas 6,21). Ich meine, dass für den Evangelisten Lukas die Zeit des Lachens mit der Auferstehung Jesu gekommen ist. Dann wäre das Osterlachen ein fröhlicher Teil des Evangeliums selbst. Auf jeden Fall zeigt diese Seligpreisung, dass Jesus durchaus dem Lachen zugeneigt war. Er bezog sich dabei wohl auf einen Spruch aus einem Psalm: „Wenn der Herr die Gefangenen Zions erlösen wird ... Dann wird unser Mund voll Lachens sein ..." (Psalm 126,1f.). Es ist das Lachen von Menschen, denen eine ungeheure Last von der Schulter gefallen ist.

Doch eine andere Dimension des Osterlachens, die Schadenfreude, darf nicht vergessen werden. Es wird nicht nur über den Tod gelacht, der Tod wird ausgelacht. Er ist der Angeschmierte, der betrogene Betrüger. Man braucht also für das Osterlachen Witze, die Schadenfreude aufkommen lassen. Das ist jedoch schwierig, weil solche Witze oft Minderheiten lächerlich machen und somit politisch nicht korrekt sind. Das werde ich in diesem Buch natürlich niemandem zumuten. Die Namen sind in dem folgenden Witz austauschbar.

Obama, Putin, ein Pfarrer, ein Philosoph und ein weltreisender Student befinden sich in einem Flugzeug. Plötzlich stottert der Motor und setzt dann ganz aus. Der Pilot sagt: „Meine Herren, das Flugzeug wird in wenigen Minuten abstürzen. Bitte nehmen Sie die Fallschirme und springen Sie ab. Leider habe ich einen Fallschirm zu wenig dabei."
Spricht es, greift sich einen Fallschirm und springt ab. Obama sagt: „Ich bin der mächtigste Mann der Welt, ich muss einfach überleben!", greift nach einem Fallschirm und springt ab. Putin sagt: „Ich bin der lupenreinste Demokrat der Welt, ich muss einfach überleben!", greift nach einem Fallschirm und springt ab. Der Philosoph sagt: „Ich bin der intelligenteste Mensch der Welt, ich muss einfach überleben!", greift nach einem Fallschirm und springt ab. Der Pfarrer wendet sich zu dem

weltreisenden Studenten und sagt: „Mein Sohn, ich bin Pfarrer und glaube an das ewige Leben. Wenn ich sterbe, ist das nicht so schlimm. Nimm du den letzten Fallschirm!" Der weltreisende Student erwidert: „Aber nein, da sind doch noch zwei Fallschirme. Der intelligenteste Mensch der Welt hat sich meinen Rucksack gegriffen!"

Dies ist ein richtiger Osterwitz. Man lacht über die Anmaßung und darüber, dass der Unbedeutendste der ganzen Besatzung, der Student, der Sieger ist. So lacht die Christenheit über den Tod, weil dessen Macht gebrochen ist. Und so lacht Gott über die Macht des Todes, die er in der Auferweckung Jesu Christi besiegt hat. „Der Tod ist verschlungen vom Sieg. Tod, wo ist dein Stachel? Tod, wo ist dein Sieg?" (1. Korinther 15,54b.55), jubelt der Apostel Paulus.

Von dieser Osterhoffnung zeugt auch folgender Witz:

Joseph von Arimathia, der sein Grab dem gekreuzigten Jesus zur Verfügung gestellt hat, kommt nach Hause. Beim Abendbrot erzählt er ganz beiläufig: „Übrigens, ich habe unser Grab belegen lassen." Seine Frau reagiert erbost: „Und wo willst du bestattet werden, wenn du mal stirbst? Und wo soll ich bestattet werden, wenn ich mal sterbe?" Joseph antwortet: „Beruhige dich, Liebes, es ist nur bis übermorgen."

Doch auch das sind Osterwitze: Witze, die das Überleben in unwirtlicher oder gar gefährlicher Zeit erleichtern und den Schrecken in ein Gelächter auflösen. Gerade in der Zeit des sogenannten Dritten Reiches grassierte dieser Witz, meistens als „Flüsterwitz" hinter vorgehaltener Hand erzählt. Die Juden waren die meistgehassten Menschen jener Zeit und mussten Unmenschliches erleiden.

Hitler hält eine antisemitische Rede. Hinten im Saal steht ein Jude und grinst. Hitler wird immer wütender und schleudert dem ungebetenen Zuhörer seine antisemitischem Drohungen lautstark ins Gesicht. Es hilft nichts, das Grinsen bleibt. Am Ende der Veranstaltung geht Hitler auf den Juden zu und fragt ihn: „Warum grinst du so? Glaubst du etwa nicht, dass ich das wahr werden lasse, was ich gesagt habe?"

Der Jude antwortet: „Das glaube ich durchaus. Nur habe ich mir eines überlegt: Der ägyptische Pharao wollte uns auch schon vernichten. Zu seinem Andenken essen wir ungesäuertes Brot, Mazzes. Der persische Ministerpräsident Haman wollte uns ebenfalls vernichten; zu seinem Andenken essen wir Hamantaschen (eine Art Berliner Pfannkuchen). Und nun habe ich mich gefragt: Was für eine Mehlspeise werden wir essen zu Ihrem Andenken, Herr Hitler?"

In dem einsetzenden Gelächter bricht sich die Hoffnung Bahn, dass nicht Herr Hitler das letzte Wort behält, sondern die jiddische Mamme mit ihrem Backwerk. Der Rahmen ist nicht mehr der bedrohliche Horizont, den Adolf Hitler eröffnet, sondern die Hoffnung, dass am Ende, wie schon zweimal, ein kulinarischer Genuss steht. Die Spannung ist gelöst, man kann für den Augenblick aufatmen und weiterleben. Ganz ähnlich ist es mit folgendem Witz:

In den letzten Kriegswochen merkt Hitler, dass es mit seinen Plänen wohl bergab geht. In seiner Ratlosigkeit sucht er einen Rabbi auf und fragt ihn: „Wer wird den Krieg gewinnen?" Der Rabbi antwortet: „Da muss ich das Münzorakel befragen." – „Das Münzorakel? Wie geht das?" Der Rabbi: „Sehr einfach. Ich werfe eine Münze in die Luft, und wenn sie so fällt, dass die Zahl oben liegt, siegen die Amerikaner." – „Aha. Und wenn der Adler oben liegt?" – „Dann siegt Russland." Hitler, schon etwas bedröppelt: „Sonst gibt es keine Möglichkeiten?" – „Doch, doch. Die Münze kann auf der Kante liegen bleiben. Dann siegt England." – „Wie bitte? Sonst keine Möglichkeiten mehr?" Der Rabbi: „Doch, eine gibt es noch. Gott kann ein Wunder tun und die Münze bleibt in der Luft hängen." – „Ja, und, wer siegt dann?" Der Rabbi: „Die Tschechoslowakei."

Nun aber gibt sich Hitler zu erkennen und sagt: „Sie wissen wohl nicht, mit wem Sie es zu tun haben?" – „Doch sicher", sagt der Rabbi, „Sie sind ein gescheiterter Kunststudent aus Wien." – „Mehr wissen Sie nicht über mich? „Doch, natürlich, Sie waren auch einmal Tapezie-

rer.“ – „Das ist alles, was Sie wissen?“ – „Nein, nein, außerdem sind Sie Bestsellerautor.“ Hitler wird immer wütender. „Mehr fällt Ihnen zu mir nicht ein?“ – „Natürlich!“, sagt der Rabbi. „Sie sind Stifter.“ – „Stifter, was soll das heißen?“ – „Sie stiften Unheil und einen Feiertag.“ – „Einen Feiertag? Meinen Geburtstag vielleicht?“ – „Aber nein, im Gegenteil! Ihren Todestag! Der Tag, an dem Sie sterben, wird für alle anständigen Menschen ein Feiertag sein.“ Hitler: „Dass man diesen Tag feiert, das werden Sie nicht erleben. Wissen Sie nicht, dass wir tausend Jahre regieren werden?“ Der Rabbi: „Moment, Herr Hitler, ich muss mal mein Notizbuch holen. Diesen brillanten neuen Hitlerwitz muss ich mir aufschreiben.“

Dass der Humor sogar noch in den KZs möglich war, dafür ist unter anderen der Wiener Kabarettist Fritz Grünbaum Zeuge. Seine geknittelten Langgedichte aus der Wiener Kabarettszene gehören der Vergangenheit an und sind für heutige Ohren kaum noch witzig, abgesehen vielleicht von manchen selbstironischen Zeilen, wie zum Beispiel die Schlussverse aus seinem Gedicht, das von einem Denkmal seiner selbst, also des Fritz Grünbaum handelt.

Wenn schon ein Denkmal, dann nur modern!
Im Frack und Spazierstock mit goldenem Knopf,
Den steifen Hut auf dem Lockenkopf,
Die Arme verschränkt und den Blick in Äonen –
Und in der Hosentasch' – zehntausend Kronen!
Und wenn in der Nacht sich kein Lüftchen mehr rührt,
Und wenn sich das Volk, das mich liebte, verliert,
Dann schar'n wie um Orpheus, den griechischen Dichter,
Die Tiere ums Denkmal sich. Lichter und lichter
Scheint uns der Mond, und mein Minnesang ruft
Die Hund' auf der Erd' und die Vögel in der Luft,
Und hoch über mir zieh'n die Schwalben die Kreise,
Und am Sockel lehnen die Hunde leise,
Und all das Getier wird beim Sterneblitzen
Mein Denkmal bei Nacht zum Benetzen benützen,

So tut das Getier seine Liebe mir kund,
Von oben die Vögel, am Sockel der Hund!

Das Denkmal betreffend erklärte Fritz Grünbaum:

„Für mich ist Denkmal ein lebenslanger Imperativ, der aus zwei Wör-
tern besteht", also: *Denk mal!*

Außerdem dichtete er Operettentexte und Schlager.

Fritz Grünbaum wurde 1938 verhaftet und in diverse KZs verbracht. Fritz Kleinmann, ein überlebender KZ-Häftling, erzählt aus dem KZ Buchenwald: „Das war große Kunst, in einer überfüllten Stube, als Bühne einen Tisch, ohne Utensilien, von den schrecklichen Strapazen der täglichen Arbeit ermüdet, erschöpfte Menschen in Heiterkeit zu versetzen. Fritz Grünbaum wusste genau, welche umgehende Hilfe er mit seiner Kunst seinen Leidensgefährten brachte. Und er hat nie nein gesagt, wenn man ihn um seine Mitwirkung bat. Es konnte ihm noch so schwer fallen. Müde, oft deprimiert, stieg er auf das improvisierte Podium. Aber kaum sprach er die ersten Worte, machte er die ersten Gesten, da sprang das Fluidum auf die Zuhörer über, und er hob sie hoch, diese Unglücklichen und Geknechteten, zu seiner hohen, reinen Kunst."

Einmal ersuchte Grünbaum einen KZ-Aufseher, ihm ein Stück Seife zu
besorgen, damit er sich waschen könne. Der Aufseher verweigerte ihm
dies mit dem Hinweis, dass Seife zu teuer sei für ein KZ. Grünbaum
sagte: „Wer für Seife kein Geld hat, soll sich kein KZ halten!"

Hinzuzufügen ist, dass Fritz Grünbaum am 14. Januar 1941 sechzigjährig im KZ Dachau an den Folgen von Misshandlungen, Hunger und Erschöpfung starb. Aber seine Witze halfen anderen, wenigstens für ein paar Minuten die Hölle zu vergessen, in die man sie gebracht hatte. Deshalb ist sein Lachen ein sehr vorläufiges und sehr schmerzhaftes, aber doch ein Osterlachen. Auf das endgültige Osterlachen über den Tod des Todes warten wir noch.

WUNDER ÜBER WUNDER, ODER:
DIE ALLMACHT GOTTES

Manchmal greifen Religionslehrer zu eigenartigen Methoden, um den Kindern das Wunder zu erklären. Die Kinder haben oft durchaus andere Erklärungen für das, was ihrem Lehrer so wunderbar erscheint.

Der Lehrer will erklären, was ein Wunder ist. Er sagt: „Der Kirchturm ist eingerüstet. Ein Mann klettert hinauf, fällt hinunter und hat keinerlei Verletzung, was ist das?" Antwort: „Zufall." Der Lehrer schüttelt den Kopf. „Na gut. Wenn er aber ein zweites Mal hinaufklettert, wieder hinunterfällt und immer noch unverletzt ist?" – „Das ist Glück." Der Lehrer: „Gut, das kann man vielleicht so sehen. Aber nun klettert er ein drittes Mal hinauf, fällt runter und ist immer noch unverletzt, was ist das?" – Fritzchen antwortet: „Gewohnheit!"

In diese Kategorie fällt natürlich auch der Witz mit der Sonne, die mitten in der Nacht scheint (im Kapitel „Das kommt vom Alkohol!"). Ich erzähle ihn aber in einem anderen Zusammenhang. Denn dort geht es in erster Linie nicht um das Wunder, sondern um den Pfarrer.

„Das Wunder ist des Glaubens liebstes Kind", sagt Goethe, und entsprechend groß ist die Zahl der Wundergeschichten. Bereits die Bibel belegt die Größe und Allmacht Gottes mit einer großen Zahl von Wundern. Sie geschehen aber nicht, um die göttliche Macht zu demonstrieren, sondern ausschließlich, um den Menschen zu helfen. In der Hebräischen Bibel, dem Alten Testament der Christen, ist es besonders das Volk Israel, das Gott von Wunder zu Wunder führt. Zum Beispiel durch die Spaltung des Roten Meeres.

Auf einer Bank sitzt ein junger Mann und liest die Bibel. Immer wieder bricht er in Jubel aus über das, was er da liest. „Gott ist groß, Gott ist groß", ruft er immer wieder. Ein Passant bemerkt das und fragt den jungen Mann, warum denn Gott so groß ist. Der erzählt ihm, dass das Rote Meer zurückweichen musste, als das Volk Israel keinen anderen Ausweg mehr sah. „Ja, das musst du nicht wörtlich nehmen", meinte der Passant. „Da war sicher gerade eine Furt, oder es war Ebbe und das Wasser war sicherlich nicht ganz weg, sondern sagen wir nur 20 cm tief!" Der junge Mann las ernüchtert weiter; aber nach kurzer Zeit hört der Passant schon wieder den Ruf des Mannes: „Gott ist groß, Gott ist groß!" Ärgerlich wendet er sich wieder dem jungen Mann zu und fragt, wieso Gott denn diesmal groß ist. „Ja, stellen Sie sie sich vor", entgegnet der junge Mann, „da lässt Gott das gesamte ägyptische Heer in einem 20 cm tiefen Wasser ersaufen!"

War der Durchzug durch das Rote Meer nun ein Wunder oder war es dies nicht? Diese Frage stellt sich natürlich auch im Judentum. Die Antwort will ich nicht vorenthalten.

Ein frommer Jude sagt zu seinem Rabbi: „Hör mir zu! Ich habe einen Sohn, und der studiert an der Universität. Und dort hat man ihm gesagt, der Durchzug durch das Rote Meer war gar kein Wunder. Das Rote Meer musste sich aufgrund von ganz natürlichen Gegebenheiten zurückziehen und den Juden den Durchzug ermöglichen. Rabbi, was sagt Ihr dazu?" Der Rabbi „klärt", also denkt nach, und antwortet: „Mein lieber Freund, als Gott der Herr, gepriesen sei sein Name, die Welt erschuf, da wusste er schon, dass zu einem bestimmten Zeitpunkt sein Volk Israel durch das Rote Meer werde ziehen müssen. Und da hat er die Welt so erschaffen, dass sich gerade in dem Augenblick, als das Volk Israel es brauchte, das Rote Meer zurückzog. Da liegt das Wunder!"

Diese Antwort zeugt in der Tat von großer Weisheit. Der Rabbi will die Ergebnisse moderner Naturwissenschaften nicht grundsätzlich in Frage stellen, will aber auch an dem Wunderbaren des Durchzuges festhalten. Also verlegt er das Wunder an den Anfang der Schöpfung. Dort ist es unangreifbar, lässt aber auch Raum für wissenschaftliche Definitionen. Das Wunder wird dadurch nicht kleiner, sondern eher noch größer. Der Herr der Welt musste ja, um es am Anfang der Welt zu erschaffen, den Überblick über die gesamte Weltentwicklung haben und alles so gestalten, dass es an seinem richtigen Ort und zur richtigen Zeit wirksam wird. Manche Wunder sind deshalb im ersten Augenblick gar nicht als solche erkennbar. Wer also nicht an die Möglichkeit glaubt, dass es Wunder gibt, ist erstens kein Realist, wie David Ben-Gurion (1886–1973; erster Premierminister des Staates Israel) einmal bemerkte; zweitens aber entgeht ihm so manches im wahrsten Sinne wunderbare Erlebnis; und drittens kann der Wundergläubige durchaus im Vorteil sein, wie die folgende Geschichte zeigt.

Er war wirklich ein armer Mann, unverschuldet in Not geraten, und manchmal wusste er nicht, wie er seine Familie satt kriegen sollte. Aber er glaubte fest daran, dass Gott für ihn sorgen werde und zur rechten Zeit ein Wunder tun werde. Das ärgerte einen Nachbarn bis aufs Blut, denn dieser war erklärter Atheist. Eines Morgens nun, als es unserem Familienvater wieder richtig schlecht ging und der Nachbar davon gehört hatte, besuchte er den Armen und händigte ihm zweihundert Euro aus. Er sagte: „Diese zweihundert Euro sind keine Gebetserhörung, sie sind auch kein Wunder. Ich schenke sie dir, damit du merkst: Dein Gott tut keine Wunder. Ich habe dir das Geld gebracht, das hat mit Gott nichts zu tun." Da hob der Arme seinen Blick zum Himmel und sprach: „Gütiger, allmächtiger Gott, ich danke dir für das Wunder, dass du diesen Atheisten dazu gebracht hast, mir in meiner Not zweihundert Euro zu schenken."

Glaube ist, dort Wunder zu erleben, wo Ungläubige nur das Alltägliche sehen. Gottes Wege sind nicht für jeden als Wunderwege zu erkennen; der Glaubende aber erlebt Wunder über Wunder. Das heißt auch, dass die göttlichen Wunder durchaus im Einklang mit den Naturgesetzen geschehen können. Glaube nur, und du wirst überall Wunder über Wunder sehen. Glaube nicht, und du wirst dich nicht einmal über das Wunderbare wundern. Für den Glaubenden sind die Naturgesetze an sich schon Wunder; und wenn dann noch die Vorstellung hinzukommt, dass die Welt auch ganz anders sein könnte, als sie nun mal ist, wird das Wunderbare noch wunderbarer. Aber das ist beinahe schon Philosophie; hat nicht Leibniz (1646–1716) diese

Welt als die beste aller möglichen dargestellt? Vielleicht kannte er folgende Geschichte, die weit über einen bloßen Witz hinausgeht.

Ein Chacham, also ein jüdischer Weiser, sozusagen ein Philosoph, besser gesagt: ein Hobbyphilosoph, steht an einer Weide und klärt, das heißt, er denkt nach. Auf der Weide steht eine Kuh. Sie ist angepflockt. Der Chacham sagt: „Gepriesen seist du, Ewiger, unser Gott, König der Welt, der du allmächtig bist! Aber bist du wirklich allmächtig? Wenn du allmächtig bist, warum hast du dann nicht zum Beispiel dieser Kuh Flügel gegeben? So steht sie da, angepflockt, und kann nur im Kreis herumlaufen und wird, Gott behüte, am Ende noch geschächtet (rituell geschlachtet). Hätte sie aber Flügel, könnte sie sich in die Lüfte erheben und wäre frei.“ In diesem Augenblick fliegt ein Vogel über den Chacham und tut das, was Vögel bisweilen tun, er lässt etwas fallen, und das direkt auf die Denkerstirn unseres Chacham. Da hebt er den Blick zum Himmel und sagt: „Wahrhaftig, gütiger Gott, du bist allmächtig! Möge Gott verhüten, dass eine Kuh möcht können fliegen wie ein Vogel!“

Vom Sinnieren über die Wunder in der Schöpfung und in den Naturgesetzen sind wir vom Roten Meer unversehens auf einer Wiese angekommen, wie es sie überall auf der Welt geben könnte. Dabei gibt es für den Durchzug durch das Rote Meer durchaus noch andere Witze. Kehren wir also von unserem Ausflug reumütig zurück an die Ufer des Roten Meeres.

Der kleine Moritz kommt vom Konfirmandenunterricht nach Hause. Seine Mutter fragt ihn, was der Pfarrer erzählt habe. Moritz antwortet: „Die Israelis waren auf der Flucht vor dem Ägyptischen Heer. Da kamen sie an das Rote Meer und konnten nicht weiter. Mit seinem Handy telefonierte Mose nach Tel Aviv mit dem israelischen Verteidigungsminister. Der schickte sofort ein paar Militärhubschrauber und ein paar Raketen Richtung Ägypten. Die Raketen gingen bei Kairo nieder und die Hubschrauber landeten bei den Israelis. Soldaten sprangen heraus und bauten mit dem Material, das sie mitgebracht hatten, eine Pontonbrücke über das Rote Meer, sodass die Israelis rüberkonnten. Ein paar Ägypter setzten ihnen nach, aber die Pontonbrücke brach

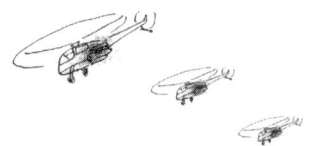

auseinander und alle Ägypter ertranken." Die Mutter ist entsetzt. „So hat euch der Pfarrer die Geschichte erzählt?", fragt sie zweifelnd. „Nein, nicht ganz", räumt Moritz ein, „aber wenn ich sie dir so erzählen würde, wie der Pfarrer sie erzählt hat, du würdest kein Wort davon glauben!"

In einem anderen Witz wird das Wunder als Folge einer Panne dargestellt:

Mose ist mit seinem Volk am Roten Meer angekommen. Vor sich das Wasser, hinter sich das Ägyptische Heer. Mose geht zu Josua und fragt streng: „Wo sind die phönizischen Fährschiffe, die du hierherbestellen solltest?" Josua schlägt sich mit der flachen Hand vor die Stirn und sagt: „Au weia, wusste ich doch, ich habe etwas vergessen!" Mose, wütend:

„Und was soll ich jetzt tun? Soll ich jetzt den Stab über das Meer halten,
und es spaltet sich und wir gehen trockenen Fußes mitten hindurch, die
Ägypter verfolgen uns, und wenn wir das andere Ufer erreicht haben,
fällt das Wasser wieder zusammen und die Ägypter ertrinken?" Je län-
ger Mose spricht, desto heller leuchten Josuas Augen. „Hör zu", sagte er,
„wenn du das schaffst, kriegst du zwei Kapitel zusätzlich in der Bibel!"
Nach allem, was wir wissen, hat Mose die beiden Kapitel bekommen.

Auch in modernen Zeiten hat die Geschichte vom Durchzug durchs Rote
Meer durchaus noch reichlich Anziehungskraft – sogar bei den Antisemiten.

Adolf Hitler steht am Kanal, der England und Frankreich voneinan-
der trennt. Er möchte gern nach London, um es einzunehmen, aber er
kann nicht. Da sagt er zu Göring, der neben ihm steht: „Man müsste
durch den Kanal hindurch marschieren, mit einem ganzen Heer. Wie
hat denn Mose das damals geschafft, durchs Rote Meer zu marschie-
ren?" Göring antwortet: „Er hatte einen Stab, den hat er über das Was-
ser gehalten, und dann ist das Wasser auseinander getreten, und die
Israeliten marschierten trocken hindurch." – „Diesen Stab muss ich
unbedingt haben!", röhrt Hitler. „Wo ist dieser Stab?" Göring antwor-
tet: „Im Nationalmuseum in London!"

Über den Auszug der Israeliten aus Ägypten wurden natürlich auch Monu-
mentalfilme gedreht. Die Frage dabei war stets, wie man die Spaltung des
Wassers im Roten Meer darstellt. Friedrich Torberg (1908–1979) berichtet
darüber in seiner Anekdotensammlung „Die Tante Jolesch"; ich gebe seinen
Bericht mit meinen eigenen Worten wieder:

Um die Spaltung des Roten Meeres darzustellen, verfiel man auf eine so
einfache wie augenfällige Lösung. Man produzierte ein kleines Modell
eines breiten Meeresarmes, ließ von beiden Seiten Wasser hineinlaufen,
filmte dies und kopierte es rückwärts laufend in den Film. So entstand
der zwingende Eindruck eines sich spaltenden Meeres. Bei der Vorfüh-
rung ertönte jedoch ebenso bezwingend die Stimme eines Kritikers: „So
war das nicht!"

Woher er das wusste, blieb sein Geheimnis.

Man könnte an dieser Stelle mit Witzen, Anekdoten und weisen Sprüchen über Mose fortfahren; Stoff gäbe es genug. Nur noch ein kleines Beispiel:

Zwei Juden unterhalten sich im Nazideutschland. Sie wollen längst schon ausreisen, aber sie bekommen keinen Pass, der zur Ausreise berechtigt. Da seufzt der eine: „Mose war doch ein großer Idiot." Der andere, empört: „Wie kannst du es wagen, Mose, unseren großen Propheten, einen Idioten zu nennen? Er hat uns doch aus Ägypten geführt!" Der erste: „Das ist es ja gerade! Hätte er uns damals nicht aus Ägypten geführt, hätten wir jetzt einen englischen Pass …!"

Es war eine schwere Last, in einem Staat leben zu müssen, in dem es schon ein Wunder war, wenn man in dem Fall, dass man ausreisen musste, auch wirklich ausreisen konnte. Und ausreisen – oder vielmehr: ausreißen! – hätten sie alle müssen, wenn sie nicht den braunen Mördern in die Hände fallen wollten. Wir bleiben hingegen noch etwas im Heiligen Land. Da gibt es den See Genezareth, um den sich viele Witze ranken. Der bekannteste ist wohl der mit den drei Theologen, die je nachdem einen berühmten Namen tragen oder drei verschiedenen Kirchen angehören, in jedem Fall einen unterschiedlichen Zugang zu den Wundern in der Bibel haben. Es gibt ihn auch in der Fassung mit den drei abrahamitischen Religionen Judentum, Christentum und Islam. Ich habe diesen Witz seinerzeit mit Bultmann, Barth und Künneth gehört; Künneth war wohl einer der bibeltreuesten Theologen seiner Zeit, ist aber wohl der Vergessenheit anheimgefallen. Heutige Namen, die ebenso bekannt sind wie damals diese drei, sucht man zur Zeit vergeblich. Versuchen wir es also mit drei Konfessionen, auch auf die Gefahr hin, dass Angehörige einer der drei Konfessionen nun verstimmt sind – welcher, das soll eine offene Frage bleiben. Sie können ja die Konfession der Personen nach Bedarf austauschen.

Ein Protestant, ein Methodist und ein Baptist sitzen in einem Boot auf dem See Genezareth. Da sagt der Baptist: „Oh Mann, habe ich einen Hunger! Wenn wir jetzt ein paar Koteletts hätten!" Der Protestant sagt: „Kein Problem!", steigt aus dem Boot, läuft übers Wasser ans Ufer und kommt zurück mit drei Koteletts. Sie essen die Koteletts; da sagt der Protestant zum Methodisten: „Jetzt habe ich aber Durst bekommen; kannst du uns nicht ein paar Bier holen?" Der Methodist schwingt sich über die Reling, geht übers Wasser ans Ufer und kommt mit drei Halben zurück. Sie trinken das Bier. Da sagt der Methodist zum Baptisten: „Jetzt täte uns eine Zigarre gut. Du hast noch gar nichts gemacht; kannst du uns nicht ein paar Zigarren holen?" Der Baptist hat das Ganze ohnehin mit wachsendem Erstaunen gesehen. Jetzt kniet er sich hin und betet: „Lieber Gott, du hast es diesen Ketzern gegeben, gib es jetzt auch mir!" Er steigt aus dem Boot, versinkt im Wasser und ertrinkt. Da sagt der Methodist zum Protestanten: „Hätten wir ihm nicht doch zeigen sollen, wo die Steine liegen?" Antwortet der Protestant: „Entschuldige bitte, mein lieber Freund: was für Steine?"

Das Wunder, über das Wasser zu gehen, hat, wie wir gerade schon sahen, die Phantasie beflügelt. Auch die der Bootseigner, die die Touristen übers Meer fahren. So will es jedenfalls der folgende Witz.

Am Ufer des Sees Genezareth steht eine Gruppe Touristen. Ein Boot nähert sich. „Die Herrschaften wünschen eine Überfahrt?", fragt der Kapitän. Eifriges Nicken. „Die Überfahrt kostet 500 Neue Schekel (ca. 100€)." Ein Tourist ereifert sich: „Das ist aber ziemlich viel für so eine Überfahrt." Der Kapitän: „Bedenken Sie, dies ist der See Genezareth. Hier ging der Herr übers Wasser." Der Tourist murrt: „Kein Wunder, bei den Preisen!"

Doch auch das Wasser des Sees soll Wunder wirken. Wer übertriebene Rücksicht auf Political Correctness legt, sollte folgenden Witz vielleicht überschlagen. Meistens jedoch lachen gerade die Menschen am meisten über einen Witz, die man glaubt, vor ihm schützen zu müssen:

Drei Behinderte nähern sich dem See Genezareth. Sie beschließen, hineinzuspringen, geheilt zu werden oder zu ertrinken. Der Taube springt zuerst hinein. Er bleibt drei Minuten lang drin, kommt wieder raus, hebt die Augen zum Himmel und sagt: „Ein Wunder ist geschehen. Ich kann wieder hören!" Der Blinde springt hinein, bleibt drei Minuten lang drin, kommt wieder raus. „Ein Wunder ist geschehen! Ich kann wieder sehen!" Dann schieben sie den Lahmen auf seinem Rollstuhl hinein, lassen ihn drei Minuten lang drin und holen ihn wieder raus. Da ist der Rollstuhl neu bereift.

Es gibt auch Gläubige, die nicht zufrieden sind mit dem Wunder, das ihnen geschieht. Es muss eben alles perfekt sei.

Eine Mutter sitzt mit ihrem Sohn am See Genezareth. Der Sohn spielt im Sand, während die Mutter sich sonnt. Da zieht ein Gewitter auf, eine Windhose zieht über den See, nimmt den Jungen, wirbelt ihn herum und lässt ihn im See verschwinden. Die Mutter ist natürlich außer sich vor Leid und Zorn, und vorwurfsvoll sagt sie: „Herr Gott im Him-

*mel, tu ein Wunder und gib mir meinen Sohn wieder!" Da kommt eine
zweite Windhose, und als sie sich legt, sitzt der Junge wieder am Ufer
und grinst, als ob nichts passiert sei. Die Mutter besieht ihn sich lange
und ruft dann vorwurfsvoll: „Und wo bleibt seine Mütze, häh?"*

Es ist bei Wundergeschichten wie bei der Geschichte mit dem Gebet um
einen Esel zum Tragen: Man sollte schon genau wissen, was man erbittet und
erhofft. Jedenfalls wusste der Passagier der folgenden Geschichte ziemlich
genau, was er nicht wollte: er wollte nicht ertrinken. Dass dieser Witz noch
einen Anklang an eine biblische Geschichte hat, macht ihn umso erzählens-
werter.

*Ein Mann steht am Ufer des Sees Genezareth und möchte gern zum
anderen Ufer übergesetzt werden. Ein Boot nähert sich und er steigt
ein. Während der Überfahrt kommt ein Sturm auf, und der Passagier
wird unruhig. Der Fährmann beruhigt ihn: „Machen Sie sich keine
Sorgen. Gott ist groß." Der Sturm wird stärker, die Wellen werden höher, der Passagier wird nervöser. Der Fährmann bleibt die Ruhe selbst:
„Kein Grund zur Sorge. Gott ist groß." Der Sturm nimmt mittlerweile
die Stärke eines Orkans an, das Wasser schlägt ins Boot, der Passagier schlägt angstvoll die Hände vors Gesicht; aber der Fährmann sagt:
„Nur keine Angst. Gott ist groß." Da sagt der Passagier: „Wohl möglich,
Gott ist groß. Aber das Boot ist klein!"*

Das erinnert mich an die Geschichte, wie John Wesley, der Gründer der
methodistischen Bewegung, auf der Überfahrt von Amerika nach England in
einen Sturm geriet. Er war wie alle anderen Passagiere und wie die Besatzung
von Angst geschüttelt. Nur eine Gruppe der Herrnhuter Brüdergemeine fei-
erte völlig ungerührt ihren Gottesdienst. Nach der überstandenen Gefahr
fragte Wesley die Gemeindeglieder, ob sie wirklich keine Angst empfunden
hätten. Nein, antworteten sie, weder sie selbst noch ihre Kinder. Sie seien
völlig geborgen in Gottes Hand. Für Wesley war das ein wichtiger Grund,
über seinen eigenen Glauben und seinen Mangel daran nachzudenken. Er
wusste aber auch, dass man diesen Glauben nicht machen kann. Er ist immer Geschenk. Man kann aber um ihn beten. Mutig war der Ratschlag,

den Peter Böhler, ein Herrnhuter Missionar, dem zweifelnden Wesley gab: „Predige den Glauben, bis du ihn hast. Und dann predige ihn, weil du ihn hast." Dass der Mensch den Glauben bekommt, ist überhaupt das Wunder aller Wunder.

Nicht nur am Wasser des Roten Meeres, nicht nur im Wasser des Sees Genezareth passieren Wunder. Auch das Quellwasser in Lourdes soll Wunder wirken. Ich sprach vor vielen Jahren mit einer Ärztin, die Pilgerzüge nach Lourdes begleitete. Als Naturwissenschaftlerin war sie freilich eher skeptisch, was die Heilerfolge anging, musste aber zugeben, dass mancher Patient eine längere Überlebensrate hatte, als die Medizin ihm zugebilligt hätte. Es ging ihnen vielleicht wie dem Mann mit dem Gürtel.

Ein Mann kommt nach langem Leiden aus dem Krankenhaus, so einigermaßen genesen. Er hat während der Krankheit viele Pfunde abgenommen, sodass ihm nun sein Gürtel zu weit geworden ist. Aber in der Nähe des Krankenhauses steht ein fliegender Händler und bietet Gürtel zum Verkauf an. Der Patient fragt den Händler: „Ist der Gürtel auch haltbar?" – Antwort: „Der hält Ihr ganzes Leben lang!" Der Patient kauft den Gürtel. Nach acht Tagen ist der Gürtel ausgerissen. Er geht zu dem fliegenden Händler, der seinen Stand immer noch vor dem Krankenhaus hat. Er hält ihm den Gürtel unter die Nase und sagt: „Mein ganzes Leben lang, wie? Ganze acht Tage hat er gehalten, du Betrüger!" Der Händler schaut ihn kurz an und sagt: „Ach so, du bist das. Also ehrlich, so wie du aussahst, mehr als acht Tage hätte ich dir auch nicht zugestanden."

Zurück also nach Lourdes, der wundertätigen Quelle. Wir machen aber einen Umweg über die USA. Dort lebte der berühmte Kardinal Francis Spellman (1889–1967). Er war ein echtes amerikanisches Original, welterfahren, reich und klug. Aber er fand seinen Meister – wenn man der folgenden Anekdote Glauben schenken darf.

Kardinal Spellman hat in einem Augenblick der Unachtsamkeit einen Mann angefahren. Es ist weiter nichts passiert. Der Mann erhebt sich, klopft sich den Staub von der Hose, grüßt den Kardinal und geht sei-

nes Weges. Abends erzählt er seiner Frau das Erlebnis. Die erklärt ihn
für verrückt. „Kardinal Spellman fährt dich an, und du schlägst kein
Kapital daraus?" Der Mann sieht das ein und verklagt Spellman auf
eine Million Dollar Schmerzensgeld. Im Rollstuhl und mit schmerz-
verzerrtem Gesicht erscheint er vor dem Gericht. Ein ärztliches Attest
hat er auch dabei; wofür hat man Freunde! Der Richter erkennt es für
Recht, der Kardinal muss zahlen. Am Ende des Prozesses nimmt dieser
den Unfallgegner beiseite und sagt: „Ich durchschaue dich vollkommen.
Aber ich hatte keine Zeugen. Und nun lasse ich dich jede Minute be-
obachten. Wenn du auch nur einmal von deinem Rollstuhl aufstehst,
dann wirst du dein blaues Wunder erleben, sowas hast du noch nicht
gesehen." Da erwidert der Mann: „Weißt du, Kardinal, was ich jetzt
mache? Ich nehme meine Million und fliege nach Lourdes. Und in
Lourdes, da wirst du dann ein Wunder erleben, sowas hast du noch
nicht gesehen!"

Mit dem wundertätigen Wasser von Lourdes wird auch der folgende Witz
erzählt. Er gewinnt aber, wenn man ihn im Ostjudentum ansiedelt:

Ein Mann will die Grenze zwischen Polen und Deutschland passieren.
Ein Zöllner hält ihn an und fragt wie üblich nach Waffen, Alkohol, Zi-
garetten und Devisen. Der Mann verneint und will schon weitergehen,
da hält ihn der Zöllner fest und fragt: „Was zum Beispiel ist in dieser
Flasche?" Der Mann zuckt mit den Schultern. „Was soll da schon drin
sein? Ich war beim Wunderrabbi, und da habe ich etwas Wunderwas-
ser einfüllen lassen für meine Frau und meine Kinder." – „Her damit!"
bellt der Zöllner, greift die Flasche, öffnet sie, riecht daran und sagt:
„Wasser vom Wunderrabbi, was? Ich will dir was sagen, guter Mann,
das ist Wodka, reiner Wodka." Da dreht der Mann die Augen zum
Himmel, legt die Hände zusammen und flüstert mit tränenerstickter
Stimme: „Schon wieder ein Wunder vom Wunderrabbi!"

Wie kam der Zöllner auf seinen glorreichen Einfall? Er kannte sich aus im
Ostjudentum und wusste, dass ein Jude den Zaddik, siehe oben, niemals
Wunderrabbi nennen würde.

Ein Wunder ist es natürlich auch, wenn Menschen sich verändern – vielleicht sogar, wenn Gegenstände anders werden, als sie zu sein scheinen. Das musste ein Londoner Priester erleben.

Zu einem katholischen Priester in einer Londoner Vorstadt kommt ein Schneider und beklagt sich bitter. Niemand lässt bei ihm schneidern; nicht einmal einen Knopf an der Hose darf er annähen. Der Priester weiß einen Rat: „Das liegt nur daran, dass du ein Jude bist. Lass dich taufen, dann werden die Leute schon zu dir kommen." Nach acht Tagen Bedenkzeit lässt sich der Schneider taufen. Der Priester nimmt eine Art Staubwedel, taucht ihn ins Wasser, schlenkert ihn in Richtung des Täuflings und sagt: „Jude warst du, Christ bist du; Jude warst du, Christ bist du; Jude warst du, Christ bist du!" (Eine in Deutschland undenkbare Art und Weise des Taufens!) Damit ist der Schneider getauft und der Priester sorgt dafür, dass seine weitläufige Gemeinde nun auch bei ihm arbeiten lässt. Doch an Karfreitag kommt eine Frau aus der Gemeinde ganz aufgeregt zum Priester und sagt: „Unser Schneider ist gar kein richtiger Christ geworden. Stellen Sie sich vor, heute an Karfreitag will er ein Hühnchen essen, wo anständige Katholiken doch höchstens Fisch essen!" Dem Priester steigt die Zornesröte ins Gesicht; eilend macht er sich auf, den Schneider zur Rede zu stellen. Die Tür ist offen, der Priester betritt die Wohnung und sieht, wie der Schneider einen nassen Staubwedel gegen das Hühnchen schlenkert und dabei sagt: „Hühnchen warst du, Fisch bist du; Hühnchen warst du, Fisch bist du; Hühnchen warst du, Fisch bist du!"

Hier wird das eine Wunder durch das andere aufgewogen: die Verwandlung des Juden in einen Christen durch die Verwandlung des Hühnchens in einen Fisch. Welches das größere von beiden ist, möge der Leser selbst entscheiden. Wer einen antisemitischen Hintergrund vermutet, sei dahingehend aufgeklärt, dass dieser Witz aus dem Munde von Juden kommt, um das Christentum zu verhöhnen. Im Lachen über die Pointe mögen sie sich für einen heiteren Augenblick vereinigen und so die große Einheit von Juden und Christen am Jüngsten Tag vorwegnehmen.

DIE WIRKLICHKEIT DES WIRKLICHEN

Die Philosophie galt im christlichen Abendland einmal als die gehorsame Dienerin der Theologie. Mittlerweile hat sie sich emanzipiert und geht ihre eigenen Wege. Das begann spätestens mit der sogenannten Aufklärung. Einer ihrer Begründer war Hugo Grotius (1583–1645), ein holländischer Rechtsgelehrter und Philosoph. Er forderte, Recht und Wissenschaft müssten vorgehen, „als ob Gott nicht gegeben sei". Das sagt noch nichts darüber aus, ob es Gott wirklich gibt oder nicht; es muss nur gewährleistet sein, dass Gott nicht als Lückenbüßer für rechtliche oder wissenschaftliche Probleme herhalten muss. Bald aber wurde Gott völlig überflüssig für das abendländische Denken. Einen gehörigen Anteil daran hatte, ohne es vielleicht zu wollen, Immanuel Kant (1724–1804). Er nutzte ein Wort von Horaz (65 v.Chr.–8 n.Chr.): „sapere aude!", zu Deutsch: „Wage es, weise zu sein!" In seiner Übersetzung klang das so: „Habe Mut, dich deines eigenen Verstandes zu bedienen!" In dieser Fassung wurde die Aufforderung des Horaz zum Leitspruch der Aufklärung. Nicht mehr vorgefertigte Meinungen, sondern eigenes Nachdenken war gefragt, nicht mehr feststehende Lehrsätze, sondern Versuch und Irrtum bestimmten das Denken. In den Sog des Fraglichen geriet selbstverständlich auch die Religion; und die wurde bei den Vertretern der Aufklärung entweder abgelehnt oder einer weitgehenden Veränderung unterzogen. In der Regel lief es darauf hinaus, die Religion auf wenige, der Vernunft unmittelbar zugängliche Sätze zu reduzieren.

„Wenn Sie mich schon nach meinem Glauben fragen", sagte der junge Mann zum Pfarrer, „ich bin ein Jünger der Aufklärung." – „So, so", meint der Pfarrer, „dann glauben Sie also gar nichts?" – „Nur was ich mit dem Verstand erfassen kann." Der Pfarrer: „Ach so. Na ja, das kommt schließlich auf das Gleiche heraus."

Auch die religiösen Quellen wurden hinterfragt; die Autorität der Bibel wurde nachdrücklich abgewiesen. Vom Glauben an Gott blieb zumeist nur der Deismus übrig, das ist der Glaube an einen Schöpfergott, der sich nach der Schöpfung zurückgezogen hat wie ein beleidigter Uhrmacher und sich um die Welt weiter nicht kümmert.

Natürlich wurden auch die Wundergeschichten in der Bibel von den Aufklärern hinterfragt. Heraus kam die sogenannte Liberale Theologie. Sie versuchte, alles Wunderbare in der Bibel rational zu erklären. Das nahm manchmal wunderliche Formen an. Die Geschichte etwa, wie Jesus über das Wasser wandelt, wurde so erzählt: Jesus wollte in stockfinsterer Nacht zu seinen Jüngern, die sich in einem Boot auf dem See Genezareth befanden. Er fand am Ufer einen Balken, der schwimmfähig war und stark genug, ihn zu tragen. Den bestieg er und benutzte sein Gewand als Segel und gelangte so zu seinen Jüngern, sozusagen als der erste Surfbrettfahrer der Geschichte.

Diese Art der Bibelauslegung konnte sich nicht halten.

Dass die Aufklärung ein Feind des Aberglaubens ist, versteht sich von selbst. In der Entlarvung von Glaubensinhalten, die weder mit der Realität noch mit der Religion zu tun haben, liegt ein unbezweifelbares Verdienst der Aufklärung. Doch auch eine richtig verstandene Theologie bekämpft den Aberglauben. Spiritismus, Besprechen von Mensch und Vieh, womöglich noch mit der Nennung des Gottesnamens verbunden, die Abhängigkeit von Glückssymbolen und andere Vorstellungen und Praktiken werden heftig abgelehnt. Dass zum Beispiel ein Hufeisen mit dem Wohlergehen seines Besitzers nichts zu tun hat, ist im Sinne der Aufklärung wie einer verantwortbaren Theologie gedacht.

Niels Bohr (1885–1962) war ein bedeutender dänischer Naturwissenschaftler und Atomforscher. Er bekam 1922 den Nobelpreis für Physik. Bemerkenswert und wohl einmalig in der Geschichte des Nobelpreises ist, dass sein Sohn, Aage Niels Bohr (1922–2009), 1975 ebenfalls den Nobelpreis für Physik erhielt. Es geht hier um den Vater. Er bekam eines Tages Besuch von den wichtigsten Wissenschaftlern seiner Zeit. Unter anderen kamen Albert Einstein und Max Planck. Einer der Gäste bemerkte zu seinem Befremden, dass Niels Bohr über seine Haustür ein Hufeisen gehängt hatte. Er fragte den Hausherrn: „Sie glauben doch wohl nicht an diesen Unsinn?" Niels Bohr antwortete: „Natürlich nicht. Aber der Bauer, der mir das Hufeisen angenagelt hat, sagte, es hilft auch, wenn man nicht daran glaubt. "

Es ist schon mal jemand von einem herabfallenden Hufeisen erschlagen worden …

Ob die Philosophie wirklich so frei von Glaubenssätzen ist, wie sie tut, ist eine ganz andere Frage. Schließlich ist auch die Ablehnung des Glaubens ein Glaube. Doch im Verborgenen schleicht sich der Gedanke an Gott doch wieder in die philosophische Diskussion ein. Zumindest wird der Verlust des Glaubens an Gott wieder als echter Verlust erlebt. Manch einem Philosophen mag es ergehen wie Elias Canetti (1905–1994), der zwar nicht an Gott glaubte, aber ohne das Wort Gott doch weder leben noch schreiben konnte, wie er selbst einmal bekannte. Anderen wird selbst die alltägliche Wirklichkeit fraglich, wenn es keinen Gott mehr gibt, der diese Wirklichkeit trägt und erhält.

Ein armer Mann, unverheiratet, von Hartz IV lebend, man hat ihm auch noch den Strom abgestellt, kommt abends in der Dunkelheit nach Hause von einem philosophischen Vortrag über Gott und die Welt. Der Redner hat nachzuweisen versucht, dass alles Seiende nur Schein sei und ihm jegliche Realität fehle. Die Wirklichkeit entstehe nur im Kopf des Menschen. „Alles ist nur Schein!", murmelt der bildungsbeflissene Mann vor sich hin, „alles ist nur Einbildung." Da stößt er sich in der Dunkelheit seinen Kopf empfindlich am Ofen. Er reibt sich den Schädel und sagt: „Nur der Ofen, der ist offenbar keine Einbildung. "

In dieser kleinen Geschichte versteckt sich eine ganze Philosophie und die Widerlegung dieser Philosophie. Dass die Welt Maja ist, sagen nicht nur östliche Philosophen; und dass sie nur im Geist des Menschen existiere, ist eine Art übersteigerter Idealismus. Am Ende kommt man wie Rousseau (1712–1778) zu der Meinung, nur das Ich existiere wirklich, denn bei allem Zweifel muss es ja jemanden geben, der zweifelt: „Ich denke, also bin ich!" Solange es dem Menschen gut geht, mag das als Möglichkeit hingehen; aber der Schmerz reißt uns aus allen idealistischen Alleingängen und beweist, dass die Welt ist, wie sie ist. Freude, Zufriedenheit, Glück, all das kann man sich einbilden; das sind keine hinreichenden Beweise für die Wirklichkeit des Wirklichen. Der Schmerz aber beweist uns mit unabweisbarer Härte: Es gibt den Gegenstand, an dem wir uns stoßen. Denn wer bildet sich schon einen Schmerz ein wie den, wenn man sich an einem Ofen stößt?!

Ein anderer Philosoph, dessen Einfluss unabsehbar ist, war Schopenhauer (1788–1860). Wenn Leibniz die Welt als die bestmögliche aller Welten darstellte, war sie für Schopenhauer die schlechtestmögliche aller Welten. Das sprach sich natürlich auch in der jüdischen Diaspora herum. Dort war man aus gutem Grund sowieso nicht allzu gut auf die Welt zu sprechen. Wenn man einen Pogrom hinter sich und einen vor sich hat, kann man der Welt wahrhaftig nicht allzu viel Gutes abgewinnen. Einen geradezu schopenhauerschen Pessimismus verbreitet ein Schneider.

Ein Soldat zerreißt sich im Manöver eine Hose und bringt sie zu einem dortigen Schneider. „Wann ist die Hose fertig?" – „Kommen Sie in einer Woche wieder." Nach einer Woche ist der Soldat wieder in der Schneiderwerkstatt. „Meine Hose?" – „Ist noch nicht fertig." – „Aber Sie sagten doch, sie sei in einer Woche fertig!" – „Ich sagte: Kommen Sie in einer Woche wieder. Von fertig habe ich nichts gesagt." Der Soldat zieht mit langem Gesicht wieder ab. Nach sieben Jahren verschlägt es ihn wieder in diese Gegend, und er hat nichts Eiligeres zu tun, als den Schneider aufzusuchen. „Nun, meine Hose?", fragt er. Der Schneider holt sie und sagt: „Ist gestern fertig geworden." – „Gott über die Welt!", ruft der Soldat, „Als er, gepriesen sei sein Name, die ganze Welt erschuf, brauchte er sieben Tage. Und du brauchst für eine einzige Hose sieben Jahre!" – „Nu", sagt der Schneider, „schaun's sich an die Welt und dann schaun's sich an die Hose!"

Für den Schneider ist die Welt offensichtlich so sehr mit Fehlern behaftet, dass eine einfache Hose ihr in all ihrer Erbärmlichkeit überlegen ist. Dabei spielt natürlich eine Rolle, dass beide, Schneider wie Soldat, Juden sind und die Welt in der Diaspora in der Tat von einer ihrer schlimmsten Seiten kennengelernt haben. Insofern enthält auch dieser Witz eine lachende Kritik am

Antisemitismus, in dessen Folge die Juden tatsächlich die Welt als schlechteste aller möglichen Welten erlebten.

Von anderer Fallhöhe ist das philosophische Problem mit dem Butterbrot. Hier geht es um die Frage: Wie ist durch Versuch und Irrtum (trial and error) eine Hypothese zu begründen oder zu widerlegen? Und wenn die Hypothese widerlegt wurde, liegt es dann an der Hypothese oder ist der Gegenstand schuld daran? Oder anders gefragt: Wie kann ich dafür sorgen, dass ein Gegenstand sich so verhält, wie es die Hypothese voraussagt?

Ein Rabbi wird gefragt: „Warum fällt das Butterbrot immer mit der Butterseite nach unten auf den Fußboden?" Der Rabbi klärt; dann fragt er: „Fällt das Butterbrot wirklich immer mit der Butterseite nach unten zu Boden? Machen wir die Probe aufs Exempel." Er bestreicht eine Scheibe Brot mit Butter, lässt sie fallen, und sie fällt mit der ungeschmierten Seite nach unten. „Siehst du?", sagt der Rabbi, „deine Annahme stimmt nicht." – „Kunststück!", raunzt der andere. „Du hast die falsche Seite beschmiert."

Wo die Grenzen liegen zwischen Wissenschaft und Philosophie einerseits und Philosophie und Theologie andererseits war und ist immer noch eine strittige Frage. Dem Philosophen ist alles Philosophie, dem Naturwissenschaftler ist alles Naturwissenschaft und der Theologie, wer hätte es gedacht, ist alles Theologie. Eine Sonderstellung nimmt dabei die Dialektik ein, wie wir sehen werden. Dialektik nennt man eine philosophische Richtung, die die Welt aus ihren Widersprüchen erklärt. Georg Friedrich Wilhelm Hegel (1770–1831) entwickelte diese Theorie.

Dialektik im Sinne Hegels heißt: Der Verstand stellt eine Behauptung auf. Das ist die These. Die Vernunft erkennt aber, dass die Behauptung einseitig ist und formuliert einen Widerspruch zu der Behauptung. Das ist die Antithese. Nun erkennt die Vernunft, dass in dem Widersprüchlichen eine tiefere Einheit liegt. In dieser Einheit sind die Widersprüche „aufgehoben". Das ist die Synthese. Die deutsche Sprache kennt für das Wort „aufheben" drei Bedeutungen: Ich hebe etwas vom Boden auf. Ich bewahre etwas auf. Ich beende etwas, zum Beispiel hebe ich ein Gesetz auf. Alle drei Bedeutungen sind in dem Hegelianischen „Aufgehoben" enthalten, also sozusagen darin „aufgehoben". Die so entstandene Synthese wird nun ihrerseits zur These, die eine Antithese hervorruft, und wieder bildet sich aus beidem die Synthese und so weiter, und so weiter... Es ist gar nicht so einfach, die Dialektik von der allgemeinen Philosophie zu unterscheiden.

„Was ist Dialektik?", fragt der Theologiestudent seinen Professor. Der Professor antwortet: „Nehmen Sie einmal an, zwei Männer fallen durch denselben Schornstein. Der erste wird dreckig, der zweite bleibt sauber. Wer von den beiden wird sich waschen?" Der Student: „Der Dreckige natürlich." Der Professor: „Falsch. Der Dreckige sieht den Sauberen und denkt, er ist auch sauber und wäscht sich nicht. Der Saubere sieht den dreckigen und denkt, er ist auch dreckig und wäscht sich. Nun fallen beide ein zweites Mal durch den Schornstein; wieder ist der erste dreckig und der zweite bleibt sauber. Wer wird sich diesmal waschen?" Der Student: „Wieder der Saubere?" – Der Professor: „Falsch! Der Dreckige hat den Sauberen beobachtet, wie er sich wusch, und hat daraus geschlossen, dass der Saubere ihn dreckig gesehen hat und er sich also waschen muss. Der Dreckige wäscht sich. Der Saubere hat aus dem Verhalten des Dreckigen die richtigen Schlüsse gezogen und wäscht sich nicht. Nun fallen die beiden ein drittes Mal durch den Schornstein, wieder wird der erste dreckig und der zweite bleibt sauber. Wer wird sich diesmal waschen?" – Der Student: „Von jetzt an wird sich doch wohl immer der Dreckige waschen." – Der Professor: „Falsch. Niemand wird sich waschen. Denn wann hat man je gehört, dass zwei Männer dreimal durch denselben Schornstein fallen und der eine wird dreckig und der andere bleibt sauber? Sehen Sie, das ist Dialektik."

Seitdem schaut der Student immer in den Spiegel, bevor er sich wäscht... Sie wissen immer noch nicht, was das ist, Dialektik? Hören Sie zu!

Lenin, der berühmte Anführer der sowjetischen Revolution, hat einer benachbarten Nation den Krieg erklärt. Das ist für die Juden eine schlechte Nachricht; denn wer wird als erstes eingezogen werden? Die Juden natürlich. So beklagt sich Awremele bei seinem Rabbi, er sei so unglücklich darüber. Da sagt der Rabbi: „Gräme dich nicht! Du hast immer zwei Möglichkeiten (These und Antithese, Kommentar des Autors). Entweder es kommt zur Mobilmachung, oder es kommt zu keiner Mobilmachung. Kommt es zu keiner Mobilmachung, hast du es besser, kommt es zu einer Mobilmachung, hast du wieder zwei Möglichkeiten: Entweder man erinnert sich an dich oder man vergisst dich. Vergisst man dich, hast du es besser; erinnert man sich an dich, hast du wieder zwei Möglichkeiten. Entweder du wirst gemustert oder du wirst nicht gemustert. Wirst du nicht gemustert, hast du es besser; wirst du gemustert, hast wieder zwei Möglichkeiten: Entweder du bist untauglich oder du bist tauglich. Bist du untauglich, hast du es besser; bist du tauglich, hast du wieder zwei Möglichkeiten: entweder du wirst eingezogen oder du bleibst zu Hause. Bleibst du zu Hause, hast du es besser; wirst du eingezogen, hast du wieder zwei Möglichkeiten: Entweder du kommst an die Front oder du bleibst in der Etappe. Bleibst du in der Etappe, hast du es besser; kommst du an die Front, hast du wieder zwei Möglichkeiten: Entweder du wirst getroffen oder du wirst nicht getroffen. Wirst du nicht getroffen, hast du es besser; wirst du getroffen, hast du wieder zwei Möglichkeiten. Entweder du wirst verletzt oder du wirst getötet. Wirst du verletzt, hast du es besser; wirst du getötet, hast du wieder zwei Möglichkeiten. Entweder du kommst ins Paradies oder du kommst in die Hölle. Kommst du ins Paradies, hast du es besser, kommst du in die Hölle, hast du wieder zwei Möglich-keiten. Entweder du kommst in die kapitalistische oder du kommst in die kommunistische Hölle. Kommst du in die kommunistische Hölle, hast du es besser – mal gehen die Kohlen aus, mal werden die Teufel zu einer Generalversammlung einberufen, mal wird der für dich zustän-dige Teufel entmachtet und du hast für ein paar Augenblicke Ruhe. Es ist nicht anders als hier und heute bei uns auch. Also, Awremele, was beklagst du dich?"

DIALEKTISCHE THEOLOGIE, ODER: SENKRECHT VON OBEN

Von ganz anderer Art ist die theologische Dialektik. Zwar ist auch sie von einem Widerspruch geprägt; aber dieser Widerspruch ist für den menschlichen Verstand unauflöslich und kann nur durch Gott selbst aufgelöst werden. Der Widerspruch besteht nach Karl Barth darin, dass wir von Gott reden müssen (These), aber von Gott nicht reden können (Antithese). In diesem Nichtkönnen aber geben wir Gott die Ehre (Synthese, nur durch den Heiligen Geist erfahrbar). Bis zum ersten Weltkrieg herrschte in Deutschland der sogenannte Kulturprotestantismus. Man versuchte, eine Einheit zu stiften zwischen Theologie, Philosophie, den Wissenschaften und den Künsten. Die Religion gehörte zu den kulturellen Errungenschaften, und die Theologen unterhielten sich damit, herauszufinden, warum das Christentum die beste aller Religionen sei. Nach dem verheerenden ersten Weltkrieg stellte die nachwachsende Schar der Theologen fest, Karl Barth allen voran, dass diese Art christlicher Theologie elendig versagt habe. Die Theologen hatten den Krieg begründet und gefördert, der einen so hohen Blutzoll forderte. Im Gegensatz zum Kulturprotestantismus formulierte Karl Barth eine Theologie des Wortes Gottes. Eines der hauptsächlichen Schlagworte der dialektischen Theologie war das berühmte „senkrecht von oben" Karl Barths – senkrecht von oben erreiche das Wort Gottes den Menschen. Ob das allerdings wirklich so gemeint ist wie in folgendem Witz, mag man sich fragen dürfen.

Ein Pfarrer und eine Nonne spielen Tischtennis. Der Pfarrer hat die Angewohnheit, seine Fehlschläge mit den Worten „Schon wieder daneben!" zu kommentieren. Der Nonne geht das schließlich auf die Nerven, und sie verbittet sich diesen dauernden Kommentar. Aber beim nächsten Fehlschlag sagt der Pfarrer wieder: „Schon wieder daneben!" Da sagt die Nonne: „Wenn du das noch einmal sagst, soll dich der himmlische Blitzstrahl treffen." Der Pfarrer verspricht, den Mund zu halten; aber beim nächsten Fehlschlag platzt er wieder heraus: „Schon wieder daneben!" Da zieht ein schwarze Wolke auf, ein Blitzstrahl zischt senkrecht von oben zur Erde und trifft – die Nonne; und eine himmlische Stimme sagt: „Schon wieder daneben!"

Einer der bedeutendsten Schüler Karl Barths ist Eberhard Jüngel (*1934). Er erwies sich nicht nur als blendender theologischer Schriftsteller, beliebter theologischer Lehrer und Prediger, sondern stellte auch seine Schlagfertigkeit unter Beweis. Das habe ich selbst auf dem Nürnberger Kirchentag 1979 erlebt. Ob das eine Folge konsequenten dialektischen Theologisierens war?

Nach seinem Referat auf dem Kirchentag fragte ein junger Mann Eberhard Jüngel: „In der Bibel steht, dass die Jünger mehr und Größeres tun werden als Johannes der Täufer. Haben Sie mehr und Größeres getan als Johannes der Täufer, Sie selbst, Herr Professor?" Seine Stimme hatte dabei einen schneidenden Klang, so als wolle er den Professor einem Kreuzverhör unterziehen. Jüngel antwortete: „Ja, das stimmt; aber das müssen Sie im Sinne der Mission verstehen. Da hat die Kirche Jesu Christi tatsächlich mehr erreicht als Johannes der Täufer." Er meinte damit, Johannes der Täufer habe nur eine begrenzte Zahl von Zuhörern erreicht; die christliche Kirche verkündige aber ihre Botschaft mittlerweile weltweit. Der Fragesteller war aber nicht zufrieden: „Herr Professor, ich meine Sie persönlich. Wann sind Sie übers Meer gewandelt?" Das war offensichtlich die Frage nach der persönlichen Frömmigkeit des Referenten, die der Fragesteller wohl zu vermissen meinte. Der Professor antwortete: „Ich vermute, dass Sie das fragen, weil Sie das getan haben und sind selbst übers Meer gewandelt. Aber wenn Sie das getan haben, haben Sie auch gelesen, was Jesus dazu sagte? Er sagte: ‚Wenn ihr das getan habt, so sprecht: ‚Wir sind nur unnütze Knechte und haben nur unsre Schuldigkeit getan' (Lukas 17,10)". (Der Professor vermischte hier zwei Übersetzungen.) Dann fuhr er fort: „Sind Sie das? Ich meine Sie persönlich: Sind Sie nur ein unnützer Knecht?" Der Fragesteller zog es vor, sich unter dem Jubel des Publikums zu setzen.

PRÄDESTINATION, ODER:
VON DER VORSEHUNG ALLER DINGE

August Tholuck (1799–1877) war ein streitbarer Theologe, Mitbe-
gründer der Evangelischen Allianz und Gegner einer einseitig rationa-
listischen Theologie. Bei aller Bereitschaft, für seine Sache zu kämpfen,
verlor er doch seinen Humor nicht. Eines Tages fragte er einen seiner
Studenten: „Gestern habe ich meinen Koffer auf dem Bahnhof stehen-
lassen. War das nun Zufall oder göttliche Vorsehung?" Der Student
dachte einen Augenblick nach und antwortete dann: „Meine Mutter
würde sagen: Das kommt nur von deiner verwünschten Schusseligkeit."

Damit war das Problem der Vorsehung auf höchst pragmatische Art gelöst.
Ähnlich erging es einem amerikanischen Jungen, der im sogenannten Wilden Westen seinen Onkel beobachtete.

„Onkel Bill, was machst du da?" – „Das siehst du doch, mein Junge,
ich hole meine Flinte von der Wand." – „Und wozu brauchst du die
Flinte?" – „Ich will in die Stadt reiten; und wenn mich ein Indianer
angreift, will ich mich verteidigen." – „Aber Onkel Bill, du glaubst
doch an die göttliche Vorsehung. Wenn dich nun der Indianer wirklich
angreift, ist nach der göttlichen Vorsehung vielleicht deine letzte Stunde
gekommen!" – „Und wenn nach der göttlichen Vorsehung die letzte
Stunde des Indianers gekommen sein sollte?"

Diese Antwort hätte Tholuck gewiss gefallen. Das belegt eine andere Geschichte, die sich zwar nicht mit der göttlichen Vorsehung befasst, sondern
mit der Schickung von Leid und Lasten. Aber auch hier ist die praktische
Lösung der theologischen Theorie überlegen.

Tholuck besucht eine kranke Frau. Als er dort ankommt, ist bereits ein anderer Pfarrer zugegen. Die Frau berichtet, dass sie operiert werden müsse. Sie fragt, ob sie sich dabei wohl narkotisieren lassen solle, wie ihr der Arzt empfohlen habe. Die Narkose steckte damals noch in den Kinderschuhen. Der Pfarrer sagt: „Ach nein, gute Frau, was Gott schickt, muss man tragen." Tholuck schweigt dazu. Wenig später verlassen sie die Kranke. Während sie nebeneinander die Straße hinabgehen, fängt es an zu regnen. Tholuck holt seinen Schirm aus der Aktentasche und spannt ihn auf. Der Kollege will sich wie selbstverständlich mit darunter begeben; aber Tholuck zieht ihm den Schirm weg mit den Worten: „Ach nein, guter Freund, was Gott schickt, muss man tragen!"

Was auch immer von der Vorsehung, von der Prädestination und der Determination zu halten ist, es entbindet den Menschen nicht von der Verantwortung für sein Tun. Vorsorge tragen, Schlimmes verhüten, Gutes in die Wege leiten sind und bleiben Aufgaben des Menschen, auch wenn er über sich eine verborgene, lenkende Macht weiß. Einerseits ist es schon richtig: „Der Mensch denkt, aber Gott lenkt", wie ein Sprichwort sagt; und ein anderes pflichtet ihm bei: „Wenn du Gott zum Lachen bringen willst, erzähle ihm deine Pläne." Da aber der Mensch für seine Gedanken, Worte und Werke zur Rechenschaft gezogen wird, muss er achtgeben auf das, was er denkt, sagt und tut. Und dort, wo ein Mensch Schmerz und Leid verhindern kann, dies aber nicht tut, sei es am eigenen Leib oder bei anderen Menschen, ist er ganz gewiss kein Instrument göttlicher Vorsehung, sondern ein Werkzeug in der Hand des Bösen.

WAS IST DER MENSCH?

Ein Thema, das von Philosophen und Theologen gleichermaßen behandelt wird, ist das Menschenbild, die Anthropologie. Die Meinungen darüber gehen sehr weit auseinander. Der Mensch sei ein Mängelwesen, ein nackter Affe, das sind Schlagworte, die immer mal wieder im Umlauf sind. Der Mensch, das möglicherweise einzige Wesen im Weltall, das sich seiner selbst und seiner Endlichkeit bewusst ist, der Mensch als moralisches Wesen – hier

ist Immanuel Kant zu nennen, der den schönen Spruch geprägt hat: „Zwei Dinge erfüllen das Gemüt mit immer neuer und zunehmender Bewunderung und Ehrfurcht, je öfter und anhaltender sich das Nachdenken damit beschäftigt: Der bestirnte Himmel über mir, und das moralische Gesetz in mir." Damit ist die einzigartige Rolle, die der Mensch im Universum innehat, benannt. Die Krone der Schöpfung soll er sein; wenn man sein Verhalten bedenkt, können einem daran Zweifel kommen. Das biblische Menschenbild ist durchaus vielschichtig; einerseits heißt es in Psalm 8: „Du hast ihn wenig niedriger gemacht als Gott" (Psalm 8,6); andererseits ist der Mensch mit Schuld beladen und der Erlösung bedürftig. Er bedeutet in diesem wie in jenem Fall Gott so unendlich viel, dass dieser in Jesus Christus menschliche Gestalt und menschliches Wesen annimmt und so dem Menschen mitleidend und für ihn sterbend begegnet. Dadurch ist der Mensch für Zeit und Ewigkeit als mögliches Gefäß des Göttlichen geadelt, wie übrigens die gesamte außermenschliche Schöpfung auch. Das ist Sinn und Folge der Inkarnation, der Menschwerdung Gottes. Es gibt aber auch Theologen, die da behaupten, der Mensch sei ein Nichts. So geschah es während einer Tagung, dass ein Kollege auf glänzendem rhetorischem Niveau genau dies vertrat. In der Gruppe, die sich anschließend darüber austauschen sollte, herrschte ob dieses negativen Menschenbildes schweigende Betroffenheit. Nachdem eine Weile niemand den Mund aufgetan hatte, bot ich den Kollegen an, ihnen einen Witz zu erzählen. Nun ja, wenn er passend sei … Ich erzählte:

An einem Sabbat traf sich die Synagogengemeinde zum Gottesdienst. Der Maggid (Prediger in der Synagoge) hielt eine feurige Predigt, der Chasan (Kantor) sang herzerweichend. Da geriet der Rabbi in Gebetsekstase und er sagte: „Herr im Himmel, ein Nichts bin ich vor dir, ein Staubkorn." Das hörte der Maggid, der inzwischen neben dem Rabbi Platz genommen hatte, und auch er geriet in Ekstase, wiegte sich vor und zurück und sagte: „Ein Nichts bin ich, ein Wurm." Das wiederum hörte in der letzten Reihe Schloime, der Schneider, und auch er geriet in Ekstase: „Ein Nichts bin auch ich …" Da rümpft der Rabbi die Nase und sagt zum Maggid: „Hör mal, wer sich da hinten für ein Nichts hält!"

Selten einmal habe ich nach einem Witz ein derart lautes, befreiendes Lachen gehört. Es wurde allen deutlich, dass eine gute Portion Chuzpe* dazu notwendig ist, sich selbst als Nichts zu bezeichnen. Außerdem: Wenn wirklich der Mensch ein Nichts wäre, könnte man beliebig über ihn herrschen und über seinen Leib und sein Leben verfügen. Das haben dann auch viele Machthaber so gehalten, denen der Mensch ein Nichts war. Sie tun es bis heute; und ihnen ins Gesicht muss die unantastbare Würde des Menschen immer wieder behauptet werde.

---

* Chuzpe: jiddischer Ausdruck für Frechheit

WAS GOTT TUT, DAS IST WOHLGETAN …

„Bete, als ob alles Arbeiten nichts nützt. Und arbeite, als ob alles Beten nichts nützt." Diese praktische Lebensregel stammt von Martin Luther. Mit anderen Worten: Gottvertrauen ist sehr gut und die Grundlage nicht nur des Glaubens, sondern auch des Lebens. Aber Gottvertrauen allein kann auch eine Ausrede für menschliche Faulheit oder menschliches Versagen sein. Das Tun des Glaubenden ist somit immer ein Zusammenwirken zwischen Gott und dem Menschen: Gott gibt die Erde, aber bebauen muss sie der Mensch schon selbst.

Über einen Derwisch erzählt man, er sei eines Tages zu einem Schneider gegangen, um sich einen Mantel machen zu lassen. Wann der Mantel fertig sei, wollte der Derwisch wissen. „In einer Woche", sagte der Schneider, „wenn Gott es will". Aber der Mantel wurde nicht fertig. „In zwei Tagen, wenn Gott es will", sagte der Schneider, aber der Mantel wurde nicht fertig. „Morgen, wenn Gott es will", sagte der Schneider. „Und wenn du Gott aus dem Spiel lässt, wie lange dauert es dann noch?", fragte der Derwisch.

Manchmal ist Frömmigkeit auch in der Versuchung, weltfremd zu werden.

Ein Missionar besucht einen einheimischen Afrikaner, der sich vor einigen Jahren bei ihm zum Christentum bekehrt hat. Voller Stolz führt der Afrikaner den hohen Gast durch sein Anwesen. Dort, wo einst nur Steppe war, ist jetzt eine blühende Farm. Der Afrikaner zeigt die Weizenfelder, und der Missionar kommentiert: „Das haben der Herr und du aber gut gemacht." Dann zeigt der Afrikaner ihm ein Wäldchen, das er angelegt hat; die Bäumchen sind inzwischen mannshoch. Der Missionar: „Das haben der Herr und du aber gut gemacht!" Auf einer Weide grasen ein paar Dutzend wohlgenährte Kühe: „Mein Milch-

vieh!" Der Missionar: „Das haben der Herr und du aber gut gemacht!"
Da platzt dem Afrikaner der Kragen, und er sagt: „Du hättest mal
sehen sollen, wie es hier aussah, als der Herr hier noch alleine gewirt-
schaftet hat!"

Vielleicht war es derselbe Afrikaner, der einem Missionar sagte: „Früher hatten wir das Land und ihr hattet die Bibel. Heute ist es umgekehrt: Wir haben
die Bibel und ihr das Land."

DOUBLE BIND, ODER: WELCHE BINDE ICH MIR NUN UM? DIE PSYCHOLOGIE DER KRAWATTE

Ich werde jetzt nicht die unendlich scheinende Anzahl psychologischer Witze wiedergeben; dazu gibt es andere Publikationen, vor allem und unübertroffen das Witzebuch Siegmund Freuds: „Der Witz und seine Beziehung zum Unbewussten", in dem eine große Anzahl brillanter Witze verzeichnet sind. Aber der nun folgende Witz ist darin nicht aufgeführt. Er ist deshalb so

interessant, weil er das Problem der Doppelbindung ausdrückt. Doppelbindung nennt man, wenn man nur eine Fehlentscheidung treffen kann, egal, wie man sich entscheidet. Um das Problem deutlicher zu machen, zunächst der berühmte Hühnchenwitz:

Eine Frau sucht den Rabbi auf und sagt: „Rabbi, ich habe ein Huhn und einen Hahn. Und ich habe nichts mehr zu essen. Welches von beiden Tieren soll ich schlachten? Schlachte ich das Huhn, kränkt sich der Hahn. Schlachte ich den Hahn, kränkt sich das Huhn." – „Oh", sagt der Rabbi, „das ist ein schweres Problem. Da muss ich klären. Komm morgen wieder." Am nächsten Morgen steht die Jüdin wieder vor der Tür. „Nu?", fragt sie nicht ganz ohne Chuzpe. Der Rabbi sagt: „Ich habe lange nachgedacht und darüber gefastet. Das ist eine wirklich schwere Entscheidung; aber ich habe sie getroffen: Schlachte den Hahn!" Die Jüdin: „Aber dann kränkt sich doch das Huhn!" – „Nu", sagt der Rabbi, auch nicht ohne Chuzpe, „soll es sich halt kränken, das Huhn!"

In Wirklichkeit dachte der Rabbiner sicherlich: Warum bekehrt sie sie sich nicht zum Christentum und verdreht dem Pfarrer den Kopf! Für das Huhn ging die Geschichte jedenfalls nochmal gut aus. Das ist nicht immer so. Die Doppelbindung kann wahrhaft tragische Konsequenzen mit sich bringen.

Die Schwiegermutter hat ihrem Schwiegersohn zu Weihnachten ein Paket geschickt. Es enthält zwei Krawatten. Sie sind zwar ganz nach dem Geschmack der Schwiegermutter; aber bei dem allfälligen Besuch am zweiten Weihnachtstag bindet sich der Schwiegersohn pflichtschuldigst eine der neuen Krawatten um. Bei der Begrüßung fasst ihn die Schwiegermutter scharf ins Auge und sagt: „Aha! Die andere gefällt dir also nicht!"

Gegen einen solchen Scharfblick sind Scylla und Charybdis reine Engel …

WAS IST GLÜCK?

Immer wieder stellt sich die Frage: Was ist Glück? Wie erkenne ich das Glück?

Eine alte chinesische Anekdote erzählt dazu folgendes:

Einem armen Bauern läuft sein Pferd davon. Da kommen die Nachbarn und bedauern ihn. Der Bauer sagt ihnen: „Ob es ein Glück ist oder Pech, wer weiß?" Nach ein paar Tagen kommt das Pferd zurück und bringt ein paar wilde Pferde mit. Da kommen die Nachbarn wieder und beglückwünschen den Bauern zu seinem unverhofften Reichtum. Der aber antwortet wieder: „Ob es ein Glück ist oder Pech, wer weiß?" Beim Zureiten eines der Pferde stürzt der Sohn des Bauern und fällt so unglücklich, dass er sich ein Bein bricht. Wieder kommen die Nachbarn, um ihr Bedauern auszudrücken, wieder antwortet der Bauer: „Ob es ein Glück ist oder Pech, wer weiß?" Das Bein heilt schlecht; der Sohn behält eine Behinderung zurück. Eines Tages kommt jemand vom Militär. Ein Krieg ist ausgebrochen; alle wehrfähigen jungen Männer werden eingezogen, nur der Sohn des Mannes nicht, er ist ja behindert. Die Nachbarn kommen und preisen das Glück von Vater und Sohn; doch der Vater erwidert mit einem Lächeln: „Ob es ein Glück ist oder Pech, wer weiß?"

So erweist sich Glück oft erst in der Zukunft als Pech und das Pech als Glück. Erst in der Zukunft kann man feststellen, ob ein Ereignis Glück oder Pech ist. Dieses Wissen löst die Spannung, wenn eine schlechte Nachricht kommt, und lässt nachdenklich werden in den Augenblicken des Glücks.

Der Glaube nun beharrt darauf, dass irgendwann einmal, und sei es am Ende der Zeiten, sich alles Pech des Glaubenden in strahlendes Glück verwandelt. So hilft der Glaube, ja zu sagen zu der manchmal unerträglichen

Schwere des Seins und zu hoffen, dass dem, der glaubt, alle Dinge zum Besten dienen, wie der Apostel Paulus meint. Somit kann der Glaube, indem er die Gegenwart in den Rahmen der Zukunft stellt, die Spannungen, die Leben und Denken mit sich bringen, lösen.

In dem berühmten Lied „Ich bin durch die Welt gegangen" von Eleonore Fürstin von Reuß (1835–1903) heißt es über das Streben des Menschen:

Ich habe die Menschen gesehen, und sie suchen spät und früh,
sie schaffen, sie kommen und gehen, und ihr Leben ist Arbeit und Müh.
Sie suchen, was sie nicht finden, in Liebe und Ehre und Glück,
und sie kommen belastet mit Sünden und unbefriedigt zurück.

Bezeichnend für dieses Lied und die dahinterstehende Haltung ist, dass das Streben des Menschen nicht aufhört, wenn er das Glück gefunden hat, sondern:

Es ist eine Ruh gefunden für alle, fern und nah,
in des Gotteslammes Wunden, am Kreuze auf Golgatha.

Damit bewegt sich Eleonore Fürstin von Reuß auf gut biblischem Boden; denn im Hebräerbrief heißt es: „Es ist also noch eine Ruhe vorhanden für das Volk Gottes" (Hebräer 4,9).

„Such, wer das will, ein ander Ziel, die Seligkeit zu finden; mein Herz allein bedacht soll sein auf Christum sich zu gründen" dichtet Georg Weissel (1590–1635). Hier ist es nicht das Glück, das der Christ anstrebt, sondern die Seligkeit. Die allerdings überwiegt jedes Glück weit und trägt den Wert des Ewigen in sich. Wer dieses woanders sucht als im christlichen Glauben, gleicht vielleicht dem Mann mit dem verlorenen Hausschlüssel.

Ein Mann sucht im Lichtkreis einer Straßenlaterne nicht weit von einer Haustür entfernt den Boden ab. Ein Polizist beobachtet ihn und stellt ihn zur Rede. „Ich habe meinen Hausschlüssel verloren!", erklärt ihm der Mann. Der Polizist hilft ihm suchen. Nach einer Weile erfolglosen Suchens fragt er: „Und Sie sind sich völlig sicher, dass Sie den Schlüssel hier verloren haben?" – „Aber nein", antwortet der Mann, „ich habe ihn dort hinten verloren." – „Ja, warum suchen Sie ihn

denn nicht dort hinten?" Der Mann: „Das hätten Sie wohl gern, dass ich dahinten im Dunkeln herumkrieche, wo es hier doch so schön hell ist!"

So glauben viele Menschen, im Lichte der Vernunft Glück und Seligkeit suchen zu sollen. Es könnte aber sein, dass genau dort es nicht zu finden ist, sondern eben da, wo das Licht der Vernunft nicht mehr hinreicht. Das heißt nicht, dass die Straßenlaterne der Vernunft unnötig ist. Sie hilft uns, die Dinge zu erkennen, die mit dem Verstand erkennbar sind, und das ist nicht wenig. Eine Theologie, die die Vernunft verachtet, ist eine schlechte Theologie; und ein Glaube, der meint, auf den Verstand verzichten zu können oder gar zu sollen, ist in der Gefahr, zum Aberglauben zu mutieren. Richtig angewandte Vernunft kennt jedoch auch ihre Grenzen. Die wesentlichen Dinge des Lebens werden vom Lichtkegel der Vernunft vielleicht nur gestreift. Man muss den Schlüssel zum Glück schon da suchen, wo er liegt. Vielleicht geht ja auch die Haustür auf, und ein Lichtstreif fällt auf das Pflaster – und siehe da, da liegt er ja, der Schlüssel! In der Theologie nennt man das Offenbarung. Und dann merkt man, dass das Licht, das da aus der Tür fällt, heller ist als die Straßenlaterne, ja, dass die Straßenlaterne nur ein trüber Abglanz des Lichtes ist, das durch die geöffnete Tür scheint.

UNAUSWEICHLICH!

Die Frage nach Gott ist dem Menschen unausweichlich mitgegeben. Er kann die Existenz Gottes akzeptieren oder ablehnen, er kann so tun, als sei ihm das egal – letztlich kommt keiner um eine Antwort herum. Gott steht uns im Weg, und das ist gut so, auch wenn der Mensch oft auf seine Autonomie pocht und den Gedanken an Gott lästig findet – er ist, ob er will oder nicht, doch auf ihn angewiesen.

Ein Schiff macht seinen Weg durch das Meer. Da wird auf dem Radarschirm ein Hindernis angezeigt. Offenbar ist es ein anderes Schiff. Der Funker gibt den Funkspruch ab: „Wir sind auf einem Kurs, der zur Kollision führen könnte. Wechseln Sie Ihren Kurs!" Antwort des Objektes: „Wir werden nichts ändern." Der Funker informiert den Kapitän. Dieser funkt das fremde Objekt an: „Wir sind auf einem Kurs, der sich mit Ihrem Kurs schneidet. Bitte geben Sie unseren Weg frei." Antwort: „Wir werden nichts ändern." Funkspruch des Kapitäns: „Wir sind ein amerikanischer Flugzeugträger und stehen unter Waffen. Es ist für uns äußerst schwierig, den Kurs zu ändern. Um weitere Komplikationen zu vermeiden, die sich auch durch unsere Bewaffnung ergeben könnten, schlagen wir vor, dass Sie unverzüglich den Weg freigeben." Auf diese kaum verhüllte Drohung empfing das Schiff folgenden Funkspruch: „Wir schlagen vor, dass Sie trotz der daraus sich ergebenden Schwierigkeiten sofort Ihrerseits den Kurs wechseln. Wir bleiben, wo wir sind. Wir sind ein Leuchtturm."

So ist Gott ein Leuchtturm – oft missachtet als ein Hindernis für das selbstbestimmte Leben, oft missverstanden als mieselsüchtiger Freudentöter, oft gefürchtet als strenger Richter. Aber er steht unverrückbar fest, und wer will, kann sein Leben in seinem Licht führen und sich von ihm leiten lassen. Das Leben wird vielleicht nicht einfacher dadurch. Aber es kommt zum Ziel; um im Bild zu bleiben: Es fährt am Ende ein in den Hafen der Ewigkeit. Wohin es von dort aus geht, wissen wir nicht. Wir können nur mit dem Apostel Paulus stammeln: „ Nun aber bleiben Glaube, Hoffnung, Liebe, diese drei; aber die Liebe ist die größte unter ihnen" (1. Korinther 13,13).

neukirchener
aussaat

Leben aus dem Einen!

LChoice App
kostenlos laden,
dann Code scannen
und ganz einfach
beim Buchhändler
Ihrer Wahl bestellen

LChoice

Jüdische Witze – ausgewählt von einem Kenner

Jüdischer Humor und rabbinische Weisheit – Axel Kühner hat sie
gekonnt zusammengestellt und mit biblischen Worten verknüpft. Eine
wunderbare Auswahl voller Poesie und mit den ausdrucksstarken
Illustrationen von Vladimir Mir ein besonderes Geschenk.

Axel Kühner
Voller Witz und Weisheit
Jüdischer Humor und biblische Anstöße
gebunden, mit s/w-Illustrationen und Lesebändchen, 108 Seiten
ISBN 978-3-7615-5621-4

www.neukirchener-verlage.de